북한 가톨릭교회의
어제와 오늘

CATHOLIC PEACE
04

북한 가톨릭교회의
어제와 오늘

| 김연수 신부 지음 |

가톨릭동북아평화연구소

| 목차 |

서론　　11

1장　일제 강점기 북한 지역의 가톨릭교회　　23

1. 북한 지역 가톨릭교회의 교구 설립　　27
　1.1 일제 강점기 이전 북한 지역 가톨릭교회의 전래　　27
　1.2 북한 지역 가톨릭교회의 성장과 교구 설립　　32
　　가. 원산교구 설립　　32
　　나. 평양교구 설립　　36
　　다. 연길교구 설립　　40

2. 일제의 종교 정책과 한국 가톨릭교회　　43
　2.1 일제의 종교 정책과 가톨릭교회　　44
　　가. '사립 학교 규칙 개정'과 가톨릭교회의 대응　　44
　　나. '포교 규칙' 시행과 가톨릭교회의 대응　　45
　　다. 전시 체제와 가톨릭교회의 입장　　47
　2.2 북한 지역 가톨릭교회의 항일 운동　　49
　2.3 항일 운동에 대한 가톨릭교회 성직자들의 반응　　53

3. 일제 강점기 공산주의 유입과 가톨릭교회　　57
　3.1 볼셰비키 혁명과 가톨릭교회　　58
　3.2 일제 강점기 한국 가톨릭교회와 공산주의　　63
　　가. 공산주의 운동의 국내 유입　　63
　　나. 한국 가톨릭교회의 반공주의　　66

2장 북한 정권 수립과 가톨릭교회   73

1. 소련군 점령과 북한 가톨릭교회   75
    1.1 소련 군정의 종교 정책   75
    1.2 북한 정권의 종교 정책과 가톨릭교회 대응   78
        가. 이중적인 종교 정책   78
        나. 가톨릭교회의 대응   82
    1.3 북한 정권의 민주개혁과 가톨릭교회의 대응   84
        가. 민주개혁 조치와 가톨릭교회의 피해   84
        나. 가톨릭교회의 대응   90

2. 북한 정권 수립과 가톨릭교회   93
    2.1 덕원 수도원 폐쇄   94
    2.2 함흥교구 박해   96
    2.3 홍용호 주교 피랍과 평양교구 박해   99

3. 한국 전쟁과 가톨릭교회   101
    3.1 한국 전쟁 시 가톨릭교회의 피해   103
        가. 북한 지역 가톨릭교회의 피해   103
        나. 남한 지역 가톨릭교회의 피해   108
        다. 죽음의 행진과 생환   112
    3.2 가톨릭교회의 대응   115
    3.3 한국 전쟁 후 북한 가톨릭교회   117

3장 북한 가톨릭교회의 재출현　　　125

1. 북한 가톨릭교회 재출현의 내부적 배경　　　129
　1.1 북한 내 정치·사상적 배경　　　129
　　가. 김일성의 종교 체험과 연관성　　　129
　　나. 주체사상에 입각한 종교 재해석　　　131
　　다. 김정일의 실용적 종교 정책　　　134

2. 북한 가톨릭교회 재출현의 외부적 배경　　　136
　2.1 해외 종교인들 방북　　　136
　　가. 개신교의 접촉과 방북　　　136
　　나. 고종옥 마태오 신부 방북　　　138

　2.2 바티칸의 접촉과 대표단 방북　　　144
　　가. 비공식 채널에 의한 접촉　　　144
　　나. 바티칸 대표단 파견　　　146
　　다. 바티칸의 북한 신자 초청　　　151

3. 북한 가톨릭교회의 재출현　　　154
　3.1 조선카톨릭교협회 결성　　　155
　　가. 조선카톨릭교협회 결성 과정　　　155
　　나. 활동　　　160
　　　(1) 대내 활동　　　160
　　　(2) 대외 활동　　　169

3.2 장충성당 건립과 신앙생활		174
가. 장충성당 건립 과정		174
나. 구조와 형태		176
다. 장충성당의 신자 현황과 신앙생활		179
라. 장충성당에서의 미사 봉헌		189
(1) 장충성당 첫 미사 봉헌		189
(2) 재미 교포 사제들의 미사		191
(3) 문규현 신부의 두 차례 미사 봉헌		195
(4) 주교들의 방북과 미사		199

결론   205

표 목차

〈표 1〉 1950년 6월 24일과 이후 북한에서 체포된 신부들과 그 후의 행적   105
〈표 2〉 가톨릭 신자 찾기 사업의 진전 상황   181

| 서문 |

하느님께서 시작하신 일, 하느님께서 마치셨습니다. 하느님과 함께 하는 일은 늘 감사와 기쁨으로 끝난다는 사실을 새삼 확인합니다.

제가 북한학을 공부하는 동안 남북 관계는 경색돼있었습니다. 이 때문에 북한학을 공부하는 동안 '이 공부가 무슨 소용이 있을까?' 하는 의구심이 떠나질 않았습니다. 그럼에도 박사 논문을 쓰기 위해 컴퓨터 앞에 앉을 때마다 이 글이 온전히 하느님 아버지께 찬미와 영광이 되고, 남북 화해와 평화에 기여할 수 있기를 바라며 기도하였습니다. 하느님의 섭리였는지 논문을 끝내자마자 한반도에 평화의 바람이 불기 시작했습니다. 그저 놀랍고 감사할 따름입니다.

제가 학위 논문을 쓰고 있을 때 많은 분이 '북한에도 가톨릭교회가 있는가? 있다면 그들은 진짜 신자인가?'라고 질문하였습니다. 이 질문을 받을 때마다 북한 가톨릭교회의 성격을 제대로 규명해 보아야겠다는 생각이 간절했습니다. 언젠가 우리 교회가 다시 하나 되는 날을 준비해야 할 필요성도 절감했습니다. 이런 마음으로 차근차근 쓰다 보니 어느 새 박사학위 논문이 되었습니다.

아무리 보아도 부족한 제 학위 논문을 가톨릭동북아평화연구소에서 출판을 제안해 오셨습니다. 연구소에서는 그동안 신자들이 편하게 읽을 수 있는 '평화', '민족의 화해와 일치'를 주제로 하는 책들을 내왔습니다. 평소 연구소의 출판 방향에 공감하던 터라 기꺼이 출판에 동의하였습니다. 다만 신자들의 편의를 위해 학위 논문을 단행본 성격으로 바꾸고, 이를 위해 양도 줄이고 각주나 참고 문헌도 대폭 정리하였습니다. 부분적으로는 말투도 조금 바꾸었습니다.

저는 이 책을 통해 '사람'을 이야기하고 싶었습니다. '가톨릭'의 이름으로 수많은 이가 이 땅의 복음화를 위해 '고난', '박해', '순교'를 당했는데, 사건이 아니라 그 사건의 한복판에 있었던 또는 있는 사람들의 이야기를 나누고 싶었습니다. 우리는 북한 교회에서 일어난 일을, 또 그 안에 살던 이들의 이야기를 잘 모릅니다. 지금의 사람들에 대하여는 더 그렇습니다. 그래서 이 책은 이 땅의 구원 역사에서 이에 협력한 사람이 누구였고, 또 지금은 누구인가를 성찰해 보고자 합니다. 부디 이 글을 통해 북한 가톨릭교회를 조금 더 깊이 이해하고, 어려움 속에서도 열심히 살아가는 북한 가톨릭 신자들의 모습을 그려볼 수 있기 바랍니다.

저의 이 여정 동안 지지와 격려를 아끼지 않은 예수회 형제들에게 깊은 감사를 드리고 싶습니다. 그리고 같은 길을 걸어가고 있는 북한대학원대학교 동문들과 교수님들에게도 감사드립니다. 이 책이 나오기까지 수고해 주신 가톨릭동북아평화연구소 소장 강주석 신부님, 박문수 출판위원장님과 모든 초빙연구위원님들께 깊은 감사를 드립니다.

하느님 나라에서 한반도의 평화를 위해 계속 기도를 바치고 계실 부모님께 이 책을 바칩니다.

2019년 3월 사순절에
김연수 신부

서론

마르크스-레닌주의의 유물론적 무신론은 가톨릭교회(이하 교회)가 절대 받아들이지 못할 이데올로기였다. 무신론은 하느님과 종교를 거부하고, 유물론은 영혼과 내세를 부정하는 이념이기 때문이다. 교회는 공산주의가 주장하는 유물론적 무신론과 전투적 무신론에 위협을 느꼈다. 이러한 위협에서 교회를 지키기 위해 교회는 전 세계적으로 급속히 퍼져나가던 무신론적 공산주의를 적극 반대하였고, 공산주의의 무신론적 이론과 실천의 오류에 반대하는 교황 회칙들을 반포하였다.

1917년에 발생한 볼셰비키 혁명 이후 소련은 교회를 반혁명 세력으로 적대시하며 탄압하기 시작하였다. 제2차 세계 대전 이후 소련의 영향 하에 공산 정권을 수립한 동유럽[1]과 아시아 여러 국가들에서도 상황은 마찬가지였다. 국제적 조직과 연결망을 갖춘

---

1   유고슬라비아(1945), 알바니아(1946), 불가리아(1946), 폴란드(1947), 루마니아(1947), 체코슬로바키아(1948), 헝가리(1949) 등이 친소 공산 정권을 세우고 가톨릭교회를 심하게 탄압하였다.

바티칸이 서구 세계에 지배적 영향력을 행사하는 반공 세력의 거점이라는 주장이 탄압의 주된 근거였다. 소련 입장에서 볼 때 교회는 공산 정권에 저항하는 강력한 반대 세력이었다. 소련은 공산화된 국가에 존재하는 교회를 향해 바티칸과 관계 단절을 강요하였고 이 조치에 저항하는 세력을 박해하였다.

공산 국가에서 자행된 탄압과 박해에 맞서 교황 비오 12세(1939-1958 재위)는 회칙(回勅)을 통해 공산주의를 배격하였다. 그는 역대 교황들이 마르크스와 엥겔스의 공산당 선언 이전부터 공산주의의 무신론을 배격했던 것보다 더 강력히 공산주의를 비판하였다. 그는 비공산주의 국가들과 관계를 강화하면서 공산 정권에 저항할 것을 강조하였다.

공산주의에 대한 바티칸의 대응은 8·15 해방 이후 북한 가톨릭 교회에도 영향을 주었다. 조선 후기 북쪽 지역에 전래된 가톨릭교회는 일제 강점기를 거치는 동안 원산, 평양, 연길 지역에 차례로 교구를 설립하였다. 일제 탄압에도 외국인 선교사들과 수녀들의 선교 활동으로 북한 교회의 교세는 8·15 해방 전까지 지속적으로 증가하였다. 그러나 해방과 더불어 38선 이북에 주둔한 소련 군정은 표면적으로는 종교의 자유를 인정하였으나 소비에트화 과정을 거치며 종교 활동을 제한하기 시작하였다.

1948년 북한은 공산 정권을 수립하고 소련군이 철수하자 종교 탄압을 본격화하였다. 이에 남북한의 교회는 바티칸의 공식 입장을 따라 반공주의를 강화하며 북한 정권에 저항하였다. 그로 인해 한국 전쟁 전후 북쪽에서 활동하던 가톨릭 사제와 선교사들이 추방 또는 처형당했다. 이렇게 북한 지역에 더 이상 사제와 수도자가 살 수 없게 되면서 북한 가톨릭 신자들은 신앙생활을 포기하거나 지하로 숨을 수밖에 없었다. 이때부터 북한 교회는 '침묵의 교회'가 되었다.

북한 교회가 침묵의 교회로 변하여 형체를 알아볼 수 없게 된 상황에서도 남한 교회와 바티칸은 북한 교회의 재건과 북한 동포의 복음화를 위하여 1970년대 후반 이후 다각적인 노력을 기울였다. 바티칸도 북한과 공식·비공식 교류를 재개하였다.

바티칸은 북한과의 수교를 배제하지 않는 가운데 1987년 북한에서 열린 비동맹특별각료회의에 바티칸 대표단을 파견하여 북한 당국과 직접 대화를 시도하였다. 가톨릭교회가 외부로부터 북한과의 접촉을 위해 다양한 노력을 전개하였지만, 이 시기까지 북한에는 북한 교회를 대표할 만한 단체가 없었다. 그러다 1988년 6월 북한 당국은 숨어 있는 가톨릭 신자들을 찾아 '조선가톨릭신자협회'를 결성하였고, 이후 '조선가톨릭신자협회'는 남한 가톨릭교회 및 해외 가톨릭교회와 교류할 수 있는 실질적인 대화 주체가 되었다. 이 협회는 같은 해 평양에 '장충성당'을 건립하며 정치적 종교적으로 다양한 활동을 펼치기 시작했다.

조선천주교인협회는 1999년에 '조선카톨릭교협회'로 명칭을 변경하고 남한 및 해외 가톨릭 단체들과 다양한 차원의 교류를 진행하였다. 그러나 동 협회가 1988년 이후 오늘에 이르기까지 30년간 꾸준히 공식적·비공식적 교류를 진행해 오는 동안에도 북한 교회의 진정성 문제는 끊임없이 제기되었다. 북한 교회에 교계 제도가 존재하지 않아 이들의 활동을 가톨릭의 정상적인 활동으로 인정하기 어렵다는 이유에서였다.

현재 북한 교회는 타 종교에 비해 양적으로 성장하지 못하는 것으로 파악되고 있다. 2014년에 발표된 '북한 종교 실태 조사' 결과에 따르면 북한 내 천도교 교세는 교직자 250명, 신도 1만 5천 명, 교당 52개, 아파트 내 기도처 801개였다. 불교는 스님 300명, 신도 수 1만 명, 절 64개였다. 개신교는 목사 30명 포함 교직자 300명, 신도 수 1만 2천 명, 교회 3개와 500개 가정 예배처소가 있었다. 이에 비해 북한 가톨릭교회는 평양소재 장충성당 1개와 3천 명의 신자만 있을 뿐이다.[2]

지금의 북한 교회를 이해하기 위해서는 조선카톨릭교협회 설

---

2   윤여상·정재호·안현민, 『2014 북한종교 자유백서』(서울: 북한인권정보센터, 2014), p. 75.

립과 활동, 평양에 건립된 장충성당 건립 과정과 신자들의 신앙생활을 살펴볼 필요가 있다. 아직 남한 교회 내에서는 조선카톨릭교협회의 성격에 대한 이해가 부족해 지난 30년 동안 동 협회와 지속적인 관계를 맺고 있으면서도 내용 면에서는 실질적인 진전을 이루지 못해 왔다. 하지만 남한 교회가 북한 교회와 관계를 회복하고 교류를 진전시켜 나가려면 조선카톨릭교협회의 성격에 대한 심층적인 이해가 필요하다. 이는 남한 교회가 북한 선교를 할 때 북한 교회나 주민의 특성을 고려한 선교의 전제 조건이 될 것이기 때문이다.[3] 또한 북한 교회에 대한 객관적 이해의 증진 및 북한 종교 정책 변화에 대한 남한 종교계의 인식 제고도 가능할 수 있다. 이는 북한의 종교 정책 변화에 대한 남한 종교계의 정상적인 대응을 모색하는데 도움이 될 것이다.

한국 전쟁 이후 북한의 종교와 관련된 연구가 꾸준히 진행되어 왔다. 특히 개신교계에서 선교 차원으로 북한 개신교에 대한 연구를 활발히 진행하였다. 이에 비해 북한 가톨릭교회에 대한 연구는 미미하였다. 북한 종교 정책 연구의 일환으로 제한적으로 다뤘을

---

[3] '북한 선교'라는 용어를 조심스럽게 사용할 필요가 있다. 1980년대 남한 가톨릭교회에서 '북한 선교부'와 '북한 선교후원회'가 결성되었을 때 북한 당국에서는 "〈종교〉의 탈을 쓴 반공 광대놀음"이라고 비판하면서 거부감을 드러냈기 때문이다. 『로동신문』 (1985년 8월 31일)

뿐이다. 1970년대 중반까지도 남한 교회 내에서는 북한 교회에 관한 연구가 많지 않았다. 북한 교회의 모습과 성격을 규명하기 위한 연구도 거의 이뤄지지 않았다. 자료 접근이 어려웠을 뿐 아니라 남한 교회 안에 반공 감정이 강하게 남아 있었기 때문이다. 이로 인해 1970년대에 이루어진 북한 교회에 대한 연구들은 반공주의 입장에 서 있었고, 그나마도 실적은 미미하였다.

이러한 상황에서도 최석우 신부는 「북한의 가톨릭」[4]라는 논문으로 북한 가톨릭 연구의 선구자 역할을 하였다. 또한 「북한 가톨릭교회의 수난」[5]에서는 북한의 종교 실태를 검토하고 비판하였다. 그는 가톨릭교회 측 문헌과 북한 측 문헌, 그리고 월남한 신자들의 기록과 증언을 상당히 폭넓게 인용하였다.[6] 이 두 논문은 불모지였던 북한 가톨릭교회 연구의 초석이 되었다.

이후 남한 교회는 북한 가톨릭교회사를 정리하여 발간하기 시작하였다. 이렇게 나온 저서들로는 『가톨릭평양교구사(天主教平壤教區史)』(1981), 『영원한 도움의 성모수녀회 50년사』(1983), 『메리놀 한국지부 1923~1984, Maryknoll in Korea』(1984), 『황해

---

4   이 논문은 국토통일원에서 발간한 『北韓의 宗教』(1979)에 수록되었다.
5   이 논문은 『北韓의 宗教實態』(1981)과 『한국 가톨릭교회의 역사』(1982)에 수록되어 있다.
6   변진흥, 『북한 '침묵의 교회'와 공산주의 - 북한의 소비에트화 시기(1945.8-1950.6)를 중심으로』 김흥수, 『해방후 북한교회사: 연구·증언·자료』(서울: 다산글방, 1992), p. 71.

도가톨릭교회사(黃海道天主敎會史)』(1984), 『원산 수녀원사』(1987), 『함경도 가톨릭교회사 자료집 제3집《한국어 자료집》』(1989), 『함경도 가톨릭교회사 자료집 제2집《원산교구 연대기》』(1991), 『함경도 가톨릭교회사』(1995), 『분도통사(芬道通史): 오틸리아 연합회 한국 진출 100주년 기념』(2009) 등이 있다.

1980년대 이후에 이루어진 북한 교회에 대한 많은 연구는 한국 전쟁 전후 북한 정권에 의한 박해사를 주로 다뤘는데, 1990년 이후 종교학과 사회과학 분석 방법을 활용한 연구 결과가 등장하면서 보다 객관적인 연구 여건도 조성되었다.

변진흥은 "1930년대 한국 가톨릭교회의 공산주의 인식"(1982)에서 남한 교회가 가지고 있는 공산주의에 대한 지적·실천적 오해를 피하기 위해 1930년대 한국 교회의 공산주의 이념에 대한 인식을 연구하였다. 그는 『북한 '침묵의 교회'와 공산주의: 북한의 소비에트화 시기(1945.8~1950.6)를 중심으로』(1992)에서 일제 강점기부터 한국 전쟁 전까지 가톨릭교회와 공산주의의 관계를 연구하였다. 또한 2002년에 『북한 종교 정책의 변화에 관한 연구: 인간중심철학의 대두를 중심으로』에서 북한의 종교 정책이 인간 중심주의를 내세운 주체사상의 영향을 받으며 변화해 왔다고 평가하였다.

강인철은 가톨릭교회가 일제 강점기부터 한국 전쟁 시기에 이르는 동안 한국 사회에서 반공주의를 강화한 역할을 객관적이고 비판적인 시각으로 분석하였다. 그는『한국 전쟁기 반공 이데올로기 강화, 발전에 대한 종교인의 기여: 가톨릭를 중심으로』(1992)에서 해방 전후 출판된 가톨릭교회의 서적과 신문·잡지들을 심층적으로 분석하며, 해방 전후 그리고 한국 전쟁기 동안 한국 가톨릭교회의 반공주의가 한국의 사회와 정치에 미친 영향을 평가하였다.『월남 개신교 가톨릭 신자의 뿌리: 해방 후 북한에서의 혁명과 기독교』(1992)에서는 해방 후 기독교인들의 직접적인 월남 배경으로 작용한 북한 정권 초기에 시행된 사회주의화 정책들을 연구함으로써 월남한 기독교인들의 특징을 도출하려 시도하였다.

이밖에도 한국 전쟁 동안 가톨릭교회가 공산 정권으로부터 받은 피해를 연구한 결과도 상당수 발견된다.『북한에서의 시련: 죽음의 수용소에서 돌아온 독일인 선교사들의 육성증언』(1997),『붉어진 땅의 십자탑』(1997),『나의 북한포로기(北韓捕虜記): 죽음의 행진에서 아버지의 집으로』(1983),『한국 전쟁과 교회의 피해』(2001) 등이 그 예에 속한다. 이들은 북한 공산 정권 수립 이후 북한 교회의 상황과 피해를 구체적인 자료를 근거로 연구하였다. 이처럼 북한 교회에 관한 대부분의 선행 연구들은 반공주의 입장에서 북한 공산 정권이 가톨릭교회를 박해한 사실을 비판적으로 서술하며 박해 사료 발굴에 역점을 두었다.

2000년대 들어오면서는 북한 연구가 더 활발해지고 사실에 접근하려는 노력도 두드러졌다. 한국 교회에서도 이러한 연구 경향을 반영한 결과가 등장하기 시작했다. 남북 교류가 활발해지고 북한 종교 관련 자료들이 미약하게나마 공개되면서 북한 교회 자료에 접근이 가능해졌기 때문이다. 특히 1990년대 중반부터 가톨릭 신학대학에 북한학 과목이 신설된 이후 남한 교회 신학생들과 수도자들을 중심으로 북한 교회에 대한 관심이 생겨났고, 일반 대학교에서도 활발히 연구가 진행되면서 북한 교회를 다룬 논문이 발표되기 시작하였다.

『북한의 종교 정책과 장충성당건립』(2001), 『북한의 가톨릭 교리서연구: 상해가톨릭요리와의 비교를 중심으로』(2004), 『북한 공산 정권에 의한 함경도 교회의 피해: 해방 후부터 한국 전쟁 종전까지』(2005), 『한국 전쟁 전후(1945-1953) 가톨릭 신자 희생자 사례: 희생 과정과 희생자 조사 및 현양 활동을 중심으로』(2009) 등이 그 예이다. 이 논문들은 오랫동안 가려져 있던 북한 교회를 부분적으로나마 이해할 수 있는 자료를 제공해 주었다.

가장 최근에 강주석 신부는 한국 전쟁 시기에 공산주의를 체험했던 선교사들의 마음을 연구하였다. "이성과 비이성을 포괄하는 개념인 '마음'을 활용하여 전쟁이라는 극단적 상황을 마주하는 선교사의 복합적인 경험, 판단, 느낌, 그리고 반응에 대하여 총체적 접근"을 시도하였다.[7] 이 연구를 통해 그는 "'적'과 '우리'를 가르는 분단 의식을 극복하려는 화해는 '우리'의 이데올로기를 강요하는 '선교'가 아니라 '타자'를 이해하고 공감하는 '마음'을 통해 이루어 질 수 있다."는 점을 강조하였다.[8] 그는 전쟁을 체험했던 선교사들의 마음 연구를 통해 분단의 아픔과 분단을 극복하는데 '마음'이 중요하다고 보았다.

그러나 이 연구들은 북한 교회를 단편적으로만 검토하였을 뿐, 북한 교회의 성격 규명이나 북한 교회에 다가서기 위한 구체적인 접근 방식을 제시하지 못했다. 따라서 필자는 이러한 연구들의 부족한 면을 보완하기 위해 통시적 관점에서 북한 교회의 역사적 변화 과정에 주목하면서 북한의 정치 사회적 변화를 고려한 북한 교회 전반의 성격을 규명하고자 한다.

---

7   강주석, 『공산주의를 만난 선교사들의 '마음': 한국 전쟁 시기를 중심으로』 북한대학원대학교 박사학위 논문(2017), p. 1.

8   위의 논문, p. 182.

1장

일제 강점기 북한 지역의 가톨릭교회

    1905년 대한 제국은 일본으로부터 을사늑약(乙巳勒約)이라는 불평등 조약 체결을 강요받아 외교권을 박탈당하고 사실상 독립국의 지위를 상실하며 일제의 통감부 통치를 받기 시작했다. 1910년 일본에 강제 합방되면서 일제의 한반도 침략이 본격화되었다. 일제의 침략은 문화, 경제, 정치 등 다각적인 측면에서 이루어졌다. 대한 제국 국민들은 일제의 사회 경제적 수탈과 민족 말살 정책으로 고통을 당해야 했다. 이에 대항하여 한민족은 국내외에서 일제에 격렬히 저항하는 독립운동을 펼치기 시작하였다.

    국내외에서 독립운동이 일어나고 있을 때인 1917년 볼셰비키 혁명에 성공한 소련은 공산 정권을 수립하고 전 세계를 공산화하기 위해 중국과 한국까지 세력을 넓히고 있었다. 특히 소련은 한인 민족주의자들의 독립운동을 지원하면서 자연스럽게 공산주의 사상을 국내에 이식하였다. 일제는 반제(反帝) 투쟁을 고취하고 독립운동을 고무하는 공산주의 사상의 유입을 방지하기 위해 한인 독립운동을 더욱 탄압하였고, 전 방위적 사찰 활동과 감시를 실행하였다.

　가톨릭교회 역시 같은 운명에 처하게 된다. 일제는 처음에 종교 자유를 허락한다고 했으나, 1915년 8월 16일 포교규칙을 공포[9] 하여 탄압을 노골화하기 시작하였다. 포교규칙을 통해 종교를 통제하고 억압하였을 뿐 아니라 모든 한국인에게 신사 참배를 강요하였다. 신사 참배는 한민족 구성원들뿐 아니라 가톨릭교회에도 엄청난 파장을 일으켰다. 일제는 1931년 만주 침략 이후 전시 체제를 강화하는 가운데 종교 탄압의 강도를 높여 갔다. 가톨릭교회도 예외일 수 없었다.

　일제는 갈수록 탄압 수위를 높여 가고, 공산주의 사상은 유입되는 가운데 한국 가톨릭교회는 어떻게든 이 격랑 속에서 생존을 모색해야 했다. 일제 강점기 가톨릭교회의 지도자들은 대부분 외국 선교사들이었다. 이 시기에 활동한 외국 선교사들은 프랑스의 파리외방전교회, 독일의 성 베네딕도 수도회, 미국 메리놀 외방전교회, 아일랜드 성 골롬반 외방선교회 소속이었다. 일제의 탄압과

9　〈포교규칙〉은 1898년 일본의회에 상정되었던 종교법이 그 모델로 일제가 한반도에서의 종교 활동을 직접 통제 관리하기 위한 것이었다. 일본 본토에서는 종교계의 극렬한 반대로 제정되지 못했음에도 불구하고 식민지 한국에서는 포교규칙을 그대로 실시했는데, 이는 주권을 상실한 민족에게는 종교의 자유 또한 보장될 수 없음을 보여준 것이다.

억압이 심해지면서 신자 증가율은 매년 감소하였다. 이러한 상황에서도 가톨릭교회는 1920년에 원산교구, 1927년에 평양교구 그리고 1928년에 연길교구를 설립하면서 북한 지역에 교계 제도를 탄탄히 구축하며 지속적 성장을 도모하였다.

1. 북한 지역 가톨릭교회의 교구 설립

1.1 일제 강점기 이전 북한 지역 가톨릭교회의 전래

기록상으로 가톨릭교회가 북한 지역에 알려지게 된 것은 1801년에 발생했던 신유박해(辛酉迫害)[10] 이전으로 추정된다. 신유박해 때 황해도 평산(平山) 출신 고광성(高光晟)과 같은 황해도 봉산(鳳山) 출신 황씨(황포수)가 서울에서 체포되어 5월 22일에 사형 선고를 받고 각각 그들의 고향으로 이송되어 순교하였기 때문이다.[11] 충주가 고향인 이기연(李基延)은 함경도로 유배된 최초의 가톨릭

[10] 신유박해는 1801년(신유년)에 일어난 가톨릭교회 박해이다. 박해로 100여 명이 죽임을 당했으며 400여 명이 유배를 가야했다. 한국교회사연구소, 『한국가톨릭대사전』, pp. 729-730.

[11] 샤를르 달레 저, 안응렬·최석우 역, 『한국 가톨릭교회사 상』(왜관: 분도출판사, 1979), pp. 513-514; 한국교회사연구소 편, 『황해도 가톨릭교회사』(서울: 黃海道天主敎會史刊行事業會, 1984), p. 49

신자였다. 그는 1800년 말 함경도로 유배되어 전교 활동을 하다 박해가 일어나자 1801년 12월 말 충주로 끌려가 순교하였다.[12] 비록 이들이 고향과 유배지에서 활발히 활동을 하진 못하였으나, 그들의 순교는 짧은 전교 활동 기간에도 불구하고 가톨릭교회를 북한 지역에 널리 알리는 계기가 되었다.

신유박해 이후 가톨릭교회는 북한 지역에 널리 확산되기 시작했다. 신유박해로 가톨릭 신자들이 북쪽으로 유배오거나 피신을 했기 때문이다. 신유박해는 가톨릭교회의 지역 분포 양상을 크게 바꾸어 놓았다. 신유박해 이전에 가톨릭 신자들은 서울, 경기, 충청(내포지방), 전라도 지역에 집중되어 있었다. 그러다 박해를 기점으로 신자들이 강원도, 황해도, 평안도, 함경도 등 북쪽 지역으로 확산되었다.[13] 신유박해 때 함경도로 유배 온 신자들은 모두 11명이었다.[14] 이들은 열심히 신앙생활을 하면서 찾아오는 이들에게 교리를 가르쳤다. 하지만 박해 기간 동안에는 감시와 고립으로 주민들과 제대로 접촉할 수 없었기에 전교 활동이 미미할 수밖에

---

12 조광 역, 『(역주) 사학징의』(서울: 한국순교자현양위원회, 2004), pp. 253-274; 한국교회사연구소 편, 『함경도 가톨릭교회사』(서울: 함경도가톨릭교회사간행사업회, 1984), p. 24.

13 가톨릭평양교구사편찬위원회, 『天主教平壤教區史』(왜관: 분도출판사, 1981), p. 32; 한국교회사연구소 편, 『황해도 가톨릭교회사』; 한국교회사연구소 편, 『함경도 가톨릭교회사』, p. 23.

14 한국교회사연구소 편, 『함경도 가톨릭교회사』, p. 22.

없었다. 그리고 이 지역은 지리적으로 고립돼 있었기 때문에 인구가 많지 않아 신앙 공동체를 이루는데 어려움이 많았다.

북한 지역에 가톨릭 신앙 공동체 형성이 본격화되기 시작한 것은 1860년대 이후이다. 가톨릭교회가 평안도와 황해도에 전래된 것은 철종(哲宗, 조선 제25대 왕, 재위 1849-1864) 때에 이르러서였다. 이 시기가 다른 때에 비해 교회에 대한 박해가 심하지 않아 신자들이 활발하게 활동할 수 있었기 때문이다.[15] 1857년 수안(遂安) 출신 김기호(金起浩, 요한)가 서울에서 세례를 받고 고향으로 돌아와 전교를 시작하여 60명을 세례시켰고,[16] 같은 시기에 이덕보(李德甫, 마태오), 이의송(李義松, 프란치스코), 박영래(朴永來, 요한) 등이 황해도에서 전교하였다. 그 결과 처음으로 12개 고을에서 가톨릭 신자들이 탄생하였다.[17] 신자들 스스로 평안도, 황해도 지방을 다니면서 가톨릭을 전하는데 전력을 다한 결과, 1864년에는 성직자가 이 지역을 순회[18]하며 교우들을 돌보아야 할 정도로 여러 곳에 교우촌이 형성되었다.

15 가톨릭평양교구사편찬위원회, 『가톨릭평양교구사』, p. 42.
16 한국교회사연구소 편, 『황해도 가톨릭교회사』, p. 51.
17 샤를르 달레 저, 안응렬·최석우 역, 『한국 가톨릭교회사 하』(왜관: 분도출판사, 1979), pp. 410-411, p. 475.
18 여기에서 언급되고 있는 성직자는 베르뇌 주교이다. 이 시기에는 관서지방을 담당하던 베르뇌 주교가 교우들이 사는 지역을 순회하면서 신자들을 돌보고 있었다.

이 시기 함경도 지역 가톨릭 공동체 형성에 대한 기록은 다음과 같다. 1863년 베르뇌(Berneux, Simeon Francois, 한국명 張敬一)[19] 주교는 그의 편지에서 "그 멀리 떨어져 있는 도(道)에서 8명이 기도문과 교리문답을 잘 배우고 서울에 왔습니다. 나는 그들에게 세례를 주었습니다."라고 증언하고 있다.[20] 이 지역 가톨릭 신자들은 박해에 대한 두려움 속에서도 비밀리에 신앙생활하면서 적극적으로 전교를 하여 스스로 신앙 공동체를 형성하였던 것이다.

이곳에 신앙 공동체가 형성되었다는 또 다른 증거가 뮈텔(Mutel, Augustine, 한국명 閔德孝)[21] 주교의 일기에 나타난다. "1866년 병인박해 때 23명의 신자들이 함경도 영흥에서 순교하였다."[22] 함경도 지역의 신자들은 정치적·지리적 어려움 속에서도 활발하게 전교 활동하면서 신앙 공동체를 형성하기 시작했고, 1860년대에 이미 '영흥(永興)'과 '안변(安邊)의 근피골'이라는 마을에 신앙 공동체를 형성하였다.

---

19 베르뇌(1814-1866) 주교는 파리외방전교회 선교사로서 제4대 조선(朝鮮) 교구장을 역임하였고, 1866년 2월 23일 체포되어 3월 7일 새남터에서 군문효수형(軍門梟首刑)을 받고 순교하였다. 성인 축일은 9월 20일이다.

20 샤를르 달레, 『한국 가톨릭교회사 하』, p. 350; 한국교회사연구소 편, 『함경도 가톨릭 교회사』, p. 32.

21 뮈텔(1854-1933) 대주교는 파리외방전교회 소속이며, 제8대 조선 교구장을 역임했다.

22 뮈텔 저, 하성래 역, 『치명일기』(서울: 성황석두루가서원, 1984), p. 345.

1866년 병인박해(丙寅迫害)가 일어나 전국적으로 만 명 정도의 가톨릭 신자들이 죽임을 당했다. 북한 지역에서 신앙 공동체를 형성하고 있던 가톨릭 신자들 역시 박해를 받았다.[23] 이 박해로 북한 지역에서도 많은 신자가 순교하였으나 기록물 부족으로 지역별 상세 내역은 파악이 힘들다.[24] 그러나 앞에서 언급한 뮈텔 주교 일기는 부분적으로 보다 자세한 내용, 즉 황해도에서 24명과 영흥에서 23명이 순교하였다는 내용을 기술하고 있다.[25] 평안도와 황해도의 대표적인 순교자들은 평양 출신 유정율(劉正律, 베드로)과 서흥 출신 우세영(禹世英, 알렉시오)이다.

이 시기 가톨릭의 북한 지역 전래 모습은 두 가지 특성을 보여준다. 첫째, 북한 지역 가톨릭교회는 개신교나 다른 국가들의 가톨릭교회와 달리 선교사들이 아니라 자국민이 전교하였다. 북한 지역 가톨릭 신자들은 선교사들이 한양 중심으로 남한 지역을 돌보다 이 지역 교우촌을 방문하여 돌보게 되기까지 60년이 넘는 동안 스스로 전교하고 신앙생활을 하면서 공동체를 일구었다. 둘째, 가

---

23 병인박해(丙寅迫害)는 1866년 흥선대원군이 가톨릭교회를 대규모로 탄압한 박해이다.
24 박해에 대한 기록은 뮈텔 주교의 『치명일기』와 그 보충 자료인 『병인박해 순교자 증언록』속에서 찾아볼 수 있는 정도이다.
25 뮈텔, 『치명일기』, pp. 339-345.

톨릭을 말살하려는 당국의 박해가 오히려 신자들에게 더 깊은 신앙심을 키우게 하였다. 교회는 박해를 받으면서 오히려 더 넓은 지역과 다양한 계층으로 확산되었고, 신앙도 뿌리가 깊어졌다.

1.2 북한 지역 가톨릭교회의 성장과 교구 설립

가. 원산교구 설립

북한 지역에서는 원산이 가장 먼저 교구를 설립하였다. 1880년대 개항기에 이르러 원산항이 개방되면서 외국인들의 자유로운 왕래가 이 지역 선교에 긍정적인 영향을 주었다. 일찍부터 자생적 교우촌을 형성했던 안변의 근피골은 1883년에 함경도 지역 최초의 공소가 되었다.[26] 당시 이곳의 교세 현황은 신자 수 160명, 성인 세례자 24명, 예비 신자 9명, 견진자 14명이었는데,[27] 다음 해인 1884년에 원산 공소가 되었다. 파리외방전교회 신부들이 이 지역들을 방문하면서 신자들의 신앙생활을 도와주고 성사를 집

---

26 공소는 본당(本堂)보다 작은 교회 단위를 의미하지만, 때대로 공소 교우들의 모임 장소인 강당을 가리키는 말로 사용되기도 한다. 공소에는 신부가 상주하지 않기 때문에 미사가 집전되지 못하고 대신에 공소 회장을 중심으로 주일마다 공소 예절을 거행하고 있다. 한국교회사연구소, 『한국가톨릭대사전』, p. 103.

27 한국교회사연구소, 『함경도 가톨릭교회사』, p. 43.

전하였다. 특히 1886년 6월에 체결된 한불 조약(韓佛條約)[28]은 가톨릭교회가 함경도 지역에서 성장할 수 있는 계기가 되었다. 선교사들은 한불 조약이 체결된 후 조선에서 제한된 범위 내에서 선교 활동을 묵인 받아 교구 설립을 위한 기틀을 마련하기 시작했다. 파리외방전교회 소속 신부들의 적극적인 선교, 교육 활동[29]의 결과 1887년 5월 안변에 북한 지역 최초 본당이 설립되어 르메르(Le Merre, Louis Bon Jules 한국명, 李類斯) 신부가 초대 신부로 부임하였다.[30] 그리고 같은 해 7월 원산 본당이 설립되었고, 드게트(Deguette, Victor Marie, 한국명 催東鎭) 신부가 초대 신부로 부임하였다.[31] 파리외방전교회 선교사들은 1920년 원산교구가 설립되기 전까지 이 지역에서 활발하게 전교 활동을 펼치며 교세를 확장해 나갔다.

1920년 8월 5일 함경남북도 지역이 서울교구에서 분리되어 원

---

28 한불 조약으로 외국인 선교사들은 개항지를 벗어나 국내 각지에 전교를 할 수 있는 지위가 보장되어 적극적인 순회 활동을 통한 사목을 펼칠 수 있었다.

29 이때 적극적인 활동을 펼친 파리외방전교회 선교사들은 프와넬(Poisnel, Victor Louis, 朴道行), 드게트(Deguette, Victor Marie, 崔東鎭), 쿠데르(Couderc, Vincent, 具), 르메르(Le Merre, Louis Bon Jules, 李類斯) 그리고 르장드르(Le Gendre, Ludovicus, 崔昌根) 신부 등이다.

30 한국교회사연구소, 『함경도 가톨릭교회사 자료집 제1집: 함경도 선교사 서한집 I 원산 본당 편(1887-1921)』(서울: 함경도가톨릭교회사 간행사업회, 1995), p. 10.

31 한국교회사연구소, 『함경도 가톨릭교회사 자료집 제1집: 함경도 선교사 서한집 II 안변(내평) 본당 편(1887-1921)』(서울: 함경도가톨릭교회사 간행사업회, 1995), p. 13.

산교구로 설정되면서 독립적인 지위를 갖게 되었다. 1909년 서울에 파견되어 있던 포교 성 베네딕도 수도회가 이를 담당하게 되었다. 1920년 8월 25일 포교 성 베네딕도 수도회 원장이었던 보니파시오 사우어(Bonifatius Sauer, 한국명 辛) 아빠스가 원산교구 초대 교구장으로 임명되면서 주교로 서품되었다.[32] 이때 원산교구는 함경도와 함께 의란 지역을 포함한 간도 지역까지 관할하게 되었다. 성 베네딕도 수도회는 원산교구가 설립된 이듬해 5월 1일 서울교구로부터 함경도 지역 본당 사목 권한을 인수하였다.[33] 수도회는 서울을 거점으로 해서 함경도, 간도, 그리고 의란 지역 등을 중심으로 활동하였다. 이 수도회는 담당한 지역이 워낙 넓어 독일 본부에 더 많은 선교사 파견을 요청하게 된다.

성 베네딕도 수도회는 원산교구의 원활한 선교를 위해 독일 '툿찡 포교 베네딕도 수녀회'를 초청하였다. 새로운 선교 지역에서 전교와 교육, 특히 여성을 대상으로 하는 전교 활동을 위해 수녀회가 필요하였기 때문이다. 이에 따라 1925년 11월 독일에서 4명의 수녀가 파견되어 원산에 도착하였고,[34] 수녀들은 본당 활동, 교

32 보니파시오 사우어 아빠스(1877-1950)는 독일 출신으로 1909년에 선교사로 한국에 파견되어 활동하다가 1950년 평양인민교화소에서 순교하였다.
33 명동가톨릭교회 편,『서울교구 연보(Ⅱ)』, 1921년도 연말보고서, p. 165. 한국교회사연구소 편,『함경도가톨릭교회사』, p. 207 재인용.
34 한국교회사연구소 편,『함경도가톨릭교회사』, p. 248.

육, 그리고 시약소를 통해 무료 진료를 하며 선교 활동을 시작하였다. 수녀들은 본당에서 새로운 신자들을 위해 교리 교육을 담당하는 한편, 교육 사업에 착수하여 해성학교, 해성 유치원을 개원하고 운영하는 등 어린이 교육에 관심을 가졌다. 1925년 12월에는 이 수녀회에 첫 지원자들이 입회하여 방인 수녀들을 양성하는 일에 첫발을 내딛게 된다.[35]

1927년에 성 베네딕도 수도회는 서울에서 덕원으로 수도원을 모두 이전하고 의료 활동, 농공(農工) 활동, 출판, 인쇄 활동 등을 펼치기 시작하였다. 1928년에는 덕원 수도원이 일본 총독부의 인가를 받아 의원을 개설하고 의료 활동을 하게 된다. 그들의 헌신적 활동으로 덕원 병원을 개설하였고 환자들도 점점 늘어났다. 농공 활동은 수도자들의 업적 중에서도 가장 컸다. 주로 목공장, 철공장, 농장 운영 등이었는데, 목공장과 철공장은 계속적인 건축 사업의 바탕이 되었다. 또한 농장 운영과 건축 사업은 가난한 신자들의 구빈 활동에도 이용되었다. 건축 사업은 수도원 주위의 가난한 사람들에게 생계 수단을 마련해 주었고 농장 운영은 일거리 제공 외에도 농장에서 수확한 작물을 식량으로 보급하거나 농사의 밑천을 제공하는데 기여하였다. 이러한 수도자들의 활동은 자연스럽게 이웃 주민들에게 복음을 전하는 수단이 되었고, 신자들

---

35 포교 베네딕토 수녀회, 『원산 수녀원사』(대구, 포교 베네딕토 수녀회 1987), p. 100.

이 계속 늘어나는데 기여하였다.[36] 또한 성 베네딕도 수도회는 조선인 사제들을 양성하기 위해 덕원에 신학교를 설립, 교육을 실시하기 시작하였다.

성 베네딕도 수도회 선교사들의 적극적 전교 활동은 교세 확대에 중요한 역할을 하였다. 그 결과 원산교구는 1928년에 연길 지목구를 분할한 뒤에도 계속 교세를 확장할 수 있었다. 1940년 통계에 따르면, 원산교구는 본당 12개, 공소 89개, 본당 학교 12개, 성직자 35명, 수사 37명, 수녀 51명, 신자 11,064명, 예비 신자 1,695명에 이르렀다.[37] 원산교구가 성장하면서 1940년에는 함경도를 주관하는 함흥교구와 덕원 수도원 일대를 주관하는 덕원면속구로 분할되었다.

나. 평양교구 설립

평양교구 설립은 원산교구보다 늦었다. 한불 조약 이후 가톨릭교회가 신앙의 자유 속에 활발히 전교 활동을 펼칠 수 있게 되긴 하였으나, 성직자 부족으로 신자들이 적은 평안도와 황해도 지방에까지 전임 성직자들을 파견할 수 있는 상황이 아니었기 때문이다. 그래서 평신도인 윤창혁(尹昌赫, 비오)이 평안도와 황해도 지역

---

36 한국교회사연구소 편, 『함경도가톨릭교회사』, pp. 356-358.
37 한국교회사연구소 편, 『함경도가톨릭교회사』, p. 359.

전교를 담당하게 되었고 전교 활동에도 투신하였다.[38] 그는 박해로 숨어 있던 신자들을 찾아내고 새로운 신자들에게 교리를 가르치고 세례를 받게 하였다. 그 결과 1896년 평양 외성에 본당이 신설되고 르장드르(Le Gendre, Louis Gabriel Arsene Ambroise, 한국명 崔昌根) 신부가 초대 신부로 부임하였다. 같은 해 8월 황해도 지역에 마렴 본당이 설립되고 빌렘(Wilhelm, Nicolas Joseph Marie, 한국명 洪錫九) 신부가 초대 신부로 부임하였다. 평신도의 노력으로 선교사들의 발길이 닿지 않았던 평안도와 황해도 지역에 비로소 본당들이 건립되기 시작한 것이다.

1900년에 평양 성당은 외성에서 관후리로 옮기게 되었다. 관후리성당은 1905년 기명학교를 설립하고, 1906년 성모 여학교를 신설하여 교육 사업에 공헌하였다. 평양 관후리성당에 신자들이 늘어나고 교육 사업을 실행하면서 수녀들의 도움이 절실히 요청됨에 따라 1909년에 샬트르 성 바오로 수녀회가 평양 관후리성당에 진출하여 활동을 시작하였다.[39] 수녀들은 전교 활동, 교육 그리고 병원에서 의료와 사회사업에 투신하였다. 이후 각지에서 가톨릭 신자들이 늘어남에 따라 계속적으로 본당을 신설하게 되었고,

---

38　가톨릭평양교구사편찬위원회,『가톨릭평양교구사』, p. 45.

39　한국 샬트르 성 바오로 수녀회,『한국 샬트르 성 바오로 수녀회 100년사』(서울: 분도출판사, 1991), p. 337. 샬트르 성 바오로 수녀회는 1694년 프랑스 샬트르에서 창립되었고, 한국 가톨릭교회 역사상 1888년 7월 한반도에 진출한 최초의 여자 수도회이다.

1911년 의주와 비현에 본당이 설립됨에 따라 평안도에는 7개 본당이 있게 되었다.[40]

1923년 평안남북도에 메리놀 외방전교회[41]가 진출하면서 새로운 계기가 마련된다. 당시 이 지역에는 7개 본당과 50개 공소가 있었고, 5명의 신부와 5천여 명의 신자가 있었다.[42] 1923년에 메리놀 외방전교회 방(方, Patrick J. Byrne) 신부가 평안도 지역에 들어와 평양교구 신설을 준비하기 시작했다.[43] 이후 길(吉, Patrick Cleary)신부, 목(睦, Joannes Morris) 신부가 도착하여 의주 본당에 거처를 마련하고 언어를 배우면서 선교 활동을 준비하였다. 1924년에는 메리놀 수녀회 수녀들이 평양교구에 진출하였는데, 이 지역에 파견된 선교사들과 수녀들의 노력으로 교세가 급격히 늘어났다. 그 결과 바티칸은 1927년 3월 17일 정식으로 평안도 지방을

40　이때까지 평안도에 설립된 본당은 평양 관후리성당, 섭가지 본당, 진남포 본당, 영유 본당, 의주 본당, 비현성당, 신의주 본당 등이다. 가톨릭평양교구사편찬위원회, 『가톨릭평양교구사』, pp. 49-50.

41　메리놀 외방전교회는 1911년 미국에서 창설되었다. 미국외방전교회(American Foreign Mission Society)라고 하였으며 '메리놀 외방 전교회'라고 불리기도 한다.

42　가톨릭평양교구사편찬위원회, 『가톨릭평양교구사』, pp. 52-53.

43　김창문·정재선, 『韓國 가톨릭: 어제와 오늘』(서울: 가톨릭코리아社, 1963), p. 295. 방(Patrick J. Byrne, 1888-1950) 주교는 1923년 한국에 선교사로 파견되었다가 1929년 미국 총원으로 돌아갔다가 1947년 주한 교황특사로 파견된다. 그는 대한민국 정부가 수립되자 1949년 주한 교황대사로 임명되었다. 그러나 한국 전쟁 시 북한군의 포로로 북한으로 이송되었다가 1950년 11월 25일 혹독한 추위 속에서 병환으로 사망하였다.

서울교구에서 분리하여 감목대리구인 평양교구를 설정하고 초대 교구장에 방(方, Patrick J. Byrne) 신부를 임명하였다.[44] 하지만 그는 1929년 본회 부총장으로 피선되어 미국으로 돌아가게 되었다. 그의 후임으로 목(Joannes Morris) 신부가 부임하였고, 그는 재임 기간 동안 본당 확장과 한국인 성직자 양성에 전념하였다.

메리놀 수녀회 수녀들이 다양한 자선 사업과 봉사 활동을 하고 있었지만 언어와 문화 차이에서 오는 불편함으로 메리놀 수녀회는 한국인 수도자 양성을 계획하게 되었고, 마침내 1932년 6월 27일 한국인 지원자 8명과 함께 한국 최초의 방인 수녀회인 '영원한 도움의 성모 수녀회'를 창설한다.[45] 수녀회는 창설 8년 만인 1940년 6월 27일 드디어 11명의 수련자가 수련을 마치고 평양 관후리 성당에서 첫 서원을 하였다.[46] 영원한 도움의 성모 수녀회에서 첫 수녀들이 배출되어 활동을 시작하자 30년 동안 평양교구에서 선교 활동을 담당했던 샬트르 성 바오로회 수녀들은 서울 본원으로 돌아갔다.

평양교구는 비록 짧은 역사적 배경을 가지고 있었고, 일제 하

---

44 가톨릭평양교구사편찬위원회, 『가톨릭평양교구사』, p. 81.

45 영원한 도움의 성모수녀회 50년사 편찬위원회, 『영원한 도움의 성모수녀회 50년사』 (서울: 영원한 도움의 성모수녀회, 1983), p. 46.

46 위의 책, p. 69.

에서 고난을 받았지만 성직자, 수도자, 평신도들의 헌신적인 노력으로 1939년 7월 11일 대목구로 승격하였고, 1941년에는 본당 21개, 성직자 43명, 수녀 39명, 신자 26,424명 예비 신자 3,170명에 이르게 되었다.[47] 그러나 1941년 12월 8일 태평양 전쟁이 발발하자 일제는 미국인 선교사들과 수도자들을 모두 감금하고 다음해에 모두 추방시켰다.

평양교구에서 활동하던 메리놀 외방전교회 성직자들과 수녀들은 이 때 모두 추방되었고 교구는 시련을 겪어야 했다. 당시 평양교구는 서울교구장이 관할했는데, 1943년 3월 2일 한국인 홍용호(洪龍浩, 프란치스코) 신부가 평양교구장에 임명되었다.[48] 같은 해 6월 29일 홍용호 신부는 북한 지역에서 한국인 사제로는 처음 주교로 서품을 받았다.

다. 연길교구 설립

조선 후기에 평안도와 함경도에서는 농민들이 경제 사정과 다른 여러 이유 때문에 만주로 이주하기 시작하였다. 청나라는 경제적 이익과 러시아 남하에 대한 대책으로 적극적인 조선인 유치정

---

47 가톨릭평양교구사편찬위원회, 『가톨릭평양교구사』, p. 133.

48 홍용호 신부는 1943년 6월 29일 평양 계리 산정현 임시 성당에서 주교로 서품되었다. 가톨릭평양교구사편찬위원회, 『가톨릭평양교구사』, pp. 164-165.

책을 취하였다.[49] 특히 1900년대 이후 많은 사람이 정치적 이유로 망명하거나 경제적 이유로 이주하게 된 결과 1910년 무렵에 10만 명 정도의 한국인이 이 지역에 거주하였고, 1920년에 약 46만 명, 1930년에 약 61만 명, 1940년에 110만 명에 이르렀다.[50]

1920년대 초반까지 간도 지역 가톨릭교회는 중국 교회 관할인 만주대목구 소속이었다. 하지만 조선인 유입이 많아진 두만강 북쪽 간도 지역에는 조선인 신자들이 늘어났다. 가톨릭의 간도 지역 선교는 간도 호천포에 살던 함북 온성 출신의 김영렬(金英烈, 요한)이 1896년 5월 원산에서 베르모렐(Josephus Vermorel, 한국명 張若) 신부에게 세례를 받고 가족과 친지들에게 전도하면서 시작되었다.[51] 그의 적극적인 전교 활동으로 해가 거듭될수록 이 지역에 신자들이 늘어갔다.

비록 간도 지역이 만주교구에 속하긴 했지만 만주를 담당하던 선교회가 조선교구와 같은 파리외방전교회였으므로, 이곳 조선인 신자들을 위한 소속 선교사 파견이 가능했다. 그래서 1897년에 원산 본당 주임 브레(Bret, 한국명 白類斯) 신부가 간도 지역 선교

---

49 윤휘탁 외, 『만주: 그 땅, 사람 그리고 역사』(서울: 고구려연구재단, 2005), p. 184.

50 한국기독교역사연구소 북한교회사 집필위원회, 『북한교회사』 서울: 한국기독교연구소, 1996. p. 189.

51 韓興烈, "연길교구 가톨릭교회 략사," 『가톨릭 청년』 통권 제41호(1936/10), (서울: 가톨릭 청년사), p. 809.

담당자가 되어 매년 이곳 공소를 방문하여 조선인 신자들을 위해 성사를 집행하기 시작했다. 그의 열정적인 활동으로 1908년에는 이곳 가톨릭 신자들이 1,750명에 이르렀다.[52] 그 결과 1909년 간도에서는 처음으로 연길현 용정뿐 아니라 화룡현 삼원봉과 영암촌에 본당이 설립되었고, 1910년에는 조양하 팔도구에도 본당이 건립되었다.[53]

1920년 원산대목구가 설정되면서 성 베네딕도 수도회는 파리외방전교회로부터 이 지역 사목활동 권한을 물려받았다. 원산교구가 설립될 당시 함경도 지역에는 2개의 본당과 640명의 신자가 전부였는데, 연길 쪽에는 오히려 3개의 본당과 약 7,500명의 신자가 있었다.[54] 그리고 1922년에 간도 지역이 정식으로 원산대목구 관할에 들어가면서 간도 지역 가톨릭교회는 계속 성장하였고, 그 결과 1928년에 본당이 8개로 늘어났다. 마침내 1928년 7월 19일 간도 지역은 본당과 신자들의 증가로 원산대목구에서 연길지목구로 분할·독립하게 되었다. 1928년 7월 3일에는 의란자치선교구가 설정되었다.[55] 교구 분할 후의 교세를 보면, 연길교구는 본당

---

52 위의 글, pp. 815-816.

53 한국기독교역사연구소 북한교회사 집필위원회, 『북한교회사』, p. 200.

54 한국교회사연구소 편, 『함경도가톨릭교회사』, pp. 206-207.

55 부산 성 베네딕도 수녀원 60년사 편찬위원회, 『은혜의 60년: 1931-1991』(서울: 부산

8개, 공소 147개, 성직자 15명, 신자 수 12,257명이었고, 의란 포교지는 본당 2개, 공소 19개, 성직자 4명, 신자 수 1,272명이었다.[56]

2. 일제의 종교 정책과 한국 가톨릭교회

일제 강점기가 시작될 무렵, 한국 가톨릭교회에는 조선 전 지역을 관할하는 조선교구가 설립돼 있었다. 당시 교구장은 파리외방전교회 소속 뮈텔 주교였다. 1911년 한국 가톨릭교회는 조선교구를 충청도 이북 지역을 관할하는 서울교구, 경상남북도와 전라남북도를 관할하는 대구교구로 분리하였다. 서울교구는 조선교구장을 담당했던 뮈텔 주교가 계속 교구장을 맡았고 대구교구는 새롭게 설정되면서 역시 파리외방전교회 드망즈(Demange, Florian, 한국명 安世華)[57] 주교가 교구장으로 선임되었다.

일제는 처음 정교분리 원칙에 따라 종교 자유를 허락한다고 약속하였지만, 실제로는 반종교 정책을 실시하면서 종교를 탄압하였다. 가톨릭교회는 이런 일제의 종교 정책에 대해 소극적으로 대

성 베네딕도 수녀원, 1995), p. 62 참조.
56 한국교회사연구소 편, 『함경도가톨릭교회사』, p. 289.
57 드망즈(Demange, Florian, 1875-1938) 주교는 파리외방전교회 소속이며 초대 대구교구장 역임.

응하였고 어떤 경우에는 수용적 태도를 취하기도 하였다. 더 나아가 가톨릭교회 지도자들은 독립운동에 소극적이었고 정교분리 원칙을 내세워 가톨릭 신자들이 항일 운동에 참여하는 것을 비난하고 금지시켰다.

2.1 일제의 종교 정책과 가톨릭교회

가. '사립 학교 규칙 개정'과 가톨릭교회의 대응

일제는 조선을 강제로 합병하면서 교회의 저항을 의식하여 정교분리 원칙과 종교 자유 보장을 공언했다. 하지만 일제는 다양한 형태의 종교 관련 규칙을 제정하면서 반종교 정책을 실시하였다. 1915년 3월 24일에 공포한 '사립 학교 규칙 개정령'은 학교에서 종교 교육을 금지하는데 목적을 두고 있었기 때문에 교회 억압 정책이었다.

일본 총독부는 1911년 8월 23일 조선의 민족의식을 말살하기 위하여 '조선교육령'을 반포하였다. 같은 해 10월 20일에는 '사립 학교 규칙'을 제정하였다. 이때 처음 제정된 사립 학교 규칙은 단지 학교 설립에 대한 총독의 인가권과 사립 학교에 대한 인사권 및 교학권 등에 대한 간섭을 강화하는 것이었다.[58] 하지만 1915년

---

[58] 윤선자, 『일제의 종교 정책과 가톨릭교회』(서울: 경인문화사, 2001), pp. 58-60.

에 개정한 사립 학교 규칙은 정교분리 원칙 하에 학교에서 종교 교육과 종교 의식을 전면 금지하는 내용을 첨가하였다. 이는 선교사들이 운영하는 학교에 대한 강한 통제를 의미하는 것으로, 가톨릭계 학교에 커다란 피해를 주었다. 이로 인해 많은 가톨릭계 학교가 종교 교육을 중단하는 고통을 감수해야 했고 점차 학교를 폐교하는 수순도 밟아야 했다.[59]

이 시기에 가톨릭계 학교들은 학생들을 교육시킴으로써 계몽 운동에 이바지하였다. 종교 교육을 통해 선교 활동도 펼쳤다. 종교 교육을 통해 많은 학생이 가톨릭 세례를 받았다. 그러나 이후 사립 학교 규칙으로 인해 종교 교육이 금지되고 학교도 폐교됨에 따라 선교 활동에 상당한 타격을 입었다.[60]

나. '포교 규칙' 시행과 가톨릭교회의 대응

사립 학교 개정령이 공포되고 5개월 후인 1915년 8월 16일 '포교 규칙(布敎規則)'이 제정되었다. 이 포교 규칙은 일제의 반종교 정책을 담고 있었다. 포교 규칙에는 일본 신도(神道)와 불교 및 기

---

59 일제는 1919년 3.1운동 이후 문화 정치를 명목으로 포교 규칙을 완화하여 허가제에서 신고제로 전환하고 사립 학교 규칙도 개정하여 부분적으로 성서를 가르치는 것을 허용하였다. 하지만 이러한 반종교 정책들은 해방 전까지 일제에 의해서 계속적으로 진행되었다.

60 가톨릭계 학교는 1910년 124개교에서 1919년 101개교로 감소하였다. 윤선자, 『일제의 종교 정책과 가톨릭교회』, p. 68.

독교(개신교와 가톨릭교회)만을 종교로 인정하고 다른 민족 종교는 배제하고 있다(1조). 포교 규칙에 따라 조선 총독은 교회의 포교 방법, 포교 관리자의 권한 및 포교지 감독의 방법 또는 포교 관리자를 감독하고, 부적당하다고 인정할 시에는 변경을 명할 수 있었다(4조). 또한 종교에 사용하는 교회당, 설교소 또는 강의소 등을 설립하고자 하는 사항에 대해서 이를 조선 총독의 통제 하에 두는 것을 명시하였다(9조).[61] 이러한 내용들은 명백히 종교의 자유를 허락한다고 공언했던 총독부 약속과 달리 실제로는 종교를 엄격히 감시하고 통제하겠다는 뜻을 공표한 것이다.

가톨릭교회는 이 규칙에 따라 직접 교회 활동에 규제를 받게 되었고, 선교사나 성직자들 그리고 수도자들을 포함해 신자들 모두 선교 활동을 위해서는 총독부의 허락을 받아야 했다. 가톨릭교회는 총독부 허가 없이 성당이나 공소를 설립하는 것도 불가능하게 되어 교회 건축과 선교 활동에서 일제의 직접 간섭을 받게 된 것이다. 이에 따라 일제 순사들은 포교 규칙의 시행 여부를 조사하고 감시한다는 명목 아래 수시로 교회를 출입하며 성직자들과 신자들을 괴롭혔다.[62] 이들의 예고 없는 잦은 성당 사찰과 위협은 신

---

61 "종교에 대한 법령(3),"『가톨릭 청년』제3권 4호(1935), pp. 286-287.

62 조광, "한국 가톨릭교회사," 한국가톨릭중앙협의회, 『한국 가톨릭교회 총람: 1995~2003년』(서울: 한국가톨릭중앙협의회, 2004), p. 391.

자들에게 두려움을 안겨 주기에 충분하였고, 신자들이 교회로부터 멀어지게 되는 원인이 되었다.[63]

다. 전시 체제와 가톨릭교회의 대응

1930년대에 접어들면서 일제는 대륙 침략에 대한 야욕을 노골화하면서 가톨릭교회에 정신적 피해뿐 아니라 인적·물적 피해를 안겨 주었다. 먼저 정신적 피해로는 신사 참배(神社參拜) 강요가 있었다. 일제는 1925년에 들어 노골적으로 공립 학교에서 신사 참배를 강요하였다. 가톨릭 신자 학생들은 이를 거부하다 퇴학처분을 당했다.[64] 가톨릭교회는 이때까지 일제의 신사 참배가 종교적이고 국민의례이기 때문에 금지한다고 가르쳤기 때문이다.

그런데 1930년대에 접어들면서 일본 가톨릭 주교들은 신사 참배를 단순히 국가에 대한 애국심과 충성을 표현하는 의식으로 받아들이고 신자들에게 신사 참배를 허락하는 조치를 취하였다. 이에 대해 로마교황청은 일본 가톨릭 주교들의 결정을 받아들이고 1936년 5월 18일 신사 참배에 찬성하는 훈령을 반포하였다.[65]

일본 가톨릭교회는 이를 근거로 한국 교회도 신사 참배에 응하

---

63 윤선자, 『일제의 종교 정책과 가톨릭교회』, p. 75.
64 최석우, 『韓國天主敎會의 歷史』(서울 : 한국교회사연구소, 1982), p. 371.
65 최석우, 위의 책, p. 372.

도록 적극 권고하였다. 외국인 선교사들은 한국 교회의 선교권을 보장받기 위해, 일본에서 활동 중이던 같은 수도회 선교사들과의 관계 등을 고려해 신사 참배를 용인하였다.[66] 하지만 한국인 성직자, 수도자 그리고 평신도들 중에는 이를 단순히 국민의례로만 받아들이는 데 어려움을 겪었다. 민족 감정으로 일본에 대해 애국적 충성심을 드러내는 것에도 거부감을 가졌다. 그래서 그들은 신사 참배를 거부하고, 이로 인해 불이익을 당하는 것을 감수했다.

결국 그들은 그들이 일하는 병원이나 학교 또는 직장에서 쫓겨나거나 투옥되었다. 한국 국민에게 신사 참배는 친일을 상징했기에, 이를 수용하는 것이 일제에 대한 투항을 의미하였기 때문이다.

교회는 일제 말기 전시 체제에서 인적·물적 피해를 입었다. 일제는 교회로 하여금 지원병 제도 실시를 찬양하게 하였고, 젊은 성직자와 신자들에게 징집과 징용을 강요했다.[67] 또한 전쟁 기간 동안 교회 건물을 군용으로 징발했고, 성당 종(鐘)을 비롯 각종 철물을 전쟁 물자로 징발하였다. 군용 비행기 헌납 운동을 전개하도록 강요하고, 전쟁 비용을 마련하기 위해 특별 헌금을 강요하였다.[68] 그런데 한국 교회 지도자들은 이러한 일제의 요구에 적극 협

---

66   윤선자, 『일제의 종교 정책과 가톨릭교회』, p. 278.
67   조광, "한국 가톨릭교회사," p. 393.
68   조광, 위의 논문, p. 393.

조했다.

2.2 북한 지역 가톨릭교회의 항일 운동

일제에 강제로 합방된 후 북한 지역 가톨릭교회 평신도들이 독립을 위한 항일 투쟁을 전개한 사례가 적지 않다. 한국 교회의 주교 및 선교사들이 정교분리(政敎分離) 원칙을 고수하며 신자들의 항일 운동을 만류 또는 방해하였지만, 평신도들은 국권 회복을 위한 구국 운동에 적극 참가하였다.[69] 이는 가톨릭 평신도들이 1910년 일본에 강제 합방되기 전부터 일제의 한반도 침략에 저항하면서 투쟁해온 흐름을 알아야 이해가 가능하다.

안중근(安重根, 토마스)은 세례를 받은 후 줄곧 동양 평화 사상을 주장하면서 애국 계몽 운동과 무장 항일 투쟁을 펼쳤다. 그는 뮈텔 주교를 만나 한국 교회와 나라를 위해 대학을 설립해 줄 것을 간청하였다가 거절당하였다.[70] 1908년에 그는 연해주에 망명해 있는 동안 애국 계몽 운동을 계속하면서 의병 부대를 창설하였다. 의병 부대는 300명가량 되었는데 두만강 일대 연추와 노면에

---

69 신재홍, "식민지 시대 가톨릭의 항일 독립운동," p. 511.
70 앞에서 언급하였듯이 뮈텔 주교는 한국인 고등교육에 관심이 없었다.

서 주로 활동 하면서 일본군을 습격하는 전투를 전개하였다.[71] 그는 1909년 10월 26일 만주 하얼빈역에서 이토 히로부미(伊藤博文)를 암살하고 체포되었다. 체포 후에도 자신이 가톨릭 신자라는 것을 떳떳이 밝힌[72] 그는 세례를 준 빌렘(Wilhelm, 한국명 洪錫九)[73] 신부에게 마지막 고해성사를 보고 사형을 당했다.

안중근이 사형당한 후 그의 독립운동에 고무된 북한 지역 가톨릭 평신도들은 독립운동을 더 활발히 전개하게 된다. 먼저 안중근의 사촌 동생 안명근(야고보)은 북간도 지방으로 망명하여 의병운동을 하였다. 그는 무관 학교를 설립하기 위해 황해도 안악과 신천 등에서 군자금을 모금하다 체포되어 종신형을 받았다.[74] '안악사건'으로 불리는 대대적 검거로, 안명근과 함께 모금 활동을 했던 안악의 원행섭(元行燮, 다테오), 신천의 한순직(韓淳稷), 그리

71　조광, 『한국 근현대 가톨릭사 연구』(서울: 景仁文化社, 2010), p. 99.

72　안중근(安重根)은 1879년 황해도 해주에서 출생, 1910년 3월 26일 만주 뤼순(旅順) 감옥에서 사형을 받았다. 그는 재판정에서 "성서에도 사람을 죽임은 죄악이라고 되어 있다. 그러나 남의 나라를 탈취하고 사람의 생명을 빼앗고자 하는 자가 있는 데도 수수방관한다는 것은 죄악이므로 나는 그 죄악을 제거한 것뿐이다."라고 진술하였다. 한국기독교역사연구소 북한교회사 집필위원회, 『북한교회사』, p. 247.

73　빌렘 (Wilhelm, Nicolas Joseph Marie, 1860-1938) 신부. 파리외방전교회 출신. 그는 뮈텔 주교의 명령을 어기고 안중근에게 고해성사를 주었다는 이유로 직무정지를 당했지만 부당하다는 이유로 교황청에 항소하여 직무정지를 풀 수 있었다.

74　신재홍, "식민지 시대 가톨릭의 항일 독립운동," p. 513.

고 안명근의 매형 최익형(崔益馨, 놀벤도)이 체포되어 실형을 살았다.[75] 이외에도 장연의 장규섭(張奎燮, 바오로)은 상해 임시 정부 적십자사 황해도 위원으로 독립군 자금을 모금하다 체포되었다. 신천의 김경두(金慶斗, 요한)는 3.1운동 주모자로 검거되어 실형을 살았다.[76]

3.1운동이 일어났을 때 가톨릭 주교들은 신자들에게 시위에 참가하는 것을 금지했다. 그러나 북한 지역 가톨릭 평신도들은 적극적으로 시위에 참석하였다. 해주에서는 3월 10일 시위에 앞서 가톨릭 평신도들이 천도교와 개신교 등의 종교 단체와 사전에 서로 연락을 취하고 시위에 참가하였다.[77] 황해도에서 시위를 벌였던 수감자 중에는 가톨릭 신자가 포함돼 있었다.[78] 황해도에서는 "해주, 장연, 은율 등 여러 지방에서 신자들이 개인적, 또는 개신교 신자들과 공동으로 만세 시위를 조직하고 시위 군중과 함께 만세를 불렀다. 전국적으로 이 시위로 체포 수감된 신자는 50여 명으로

---

75 한국교회사연구소 편, 『황해도가톨릭교회사』, p. 126. 이들에 대한 내용은 뮈텔 주교의 일기에도 기록되어 있다. 뮈텔, 『뮈텔 주교 일기 1911-1915』, p. 158; 조광, 『한국 근현대 가톨릭사 연구』, p. 158.

76 한국교회사연구소 편, 『황해도가톨릭교회사』, pp. 127-128.

77 독립운동사 편찬위원회, 『독립운동사, 제2권』(서울: 독립유공자 사업기금 운용위원회, 1971), pp. 226-227 참조.

78 위의 책, p. 335.

공식 집계되었다."[79]

간도에서도 가톨릭 신자들이 활발하게 만세 시위를 일으켰다. 간도 지역 동포들은 서울에서 만세 시위가 있었다는 소식을 전해 듣고 3월 13일 용정촌 장날을 기해 거사하였다. 용정성당의 종소리를 신호로 성당 회장이 독립선언문을 낭독하고 시위 대열에 나섰다.[80] 이처럼 민족의 독립을 바라는 북쪽 지역의 많은 신자가 만세 시위에 참석하였다. 이들은 체포되어 원산, 신의주, 평양, 해주 감옥에 구금되었다.

북한 지역 평신도들의 독립운동 가담은 각자의 양심에 따른 것이었다. 원산교구의 한 신자는 독립운동에 가담했다 부상을 입고 집에 와 있었는데 주민에게 고발당해 그의 아들이 죽을 위험에 처하기도 하였다.[81] 간도 지역 교회를 담당하던 신부들은 독립운동가들 가운데 가톨릭 신자가 가장 많이 포함되어 있다고 보고하였다.

이 시기 간도 지방에는 무장 독립운동 단체가 조직되어 일제에 무력으로 저항하고 있었다. 가톨릭 신자들이 주체가 되어 '의민

79　한국교회사연구소 편, 『황해도가톨릭교회사』, p. 129.
80　조광, "일제침략기 가톨릭도의 민족 독립운동," 『사목』 1975 11월호, pp. 103-104.
81　한국교회사연구소 편, 『함경도 가톨릭교회사 자료집 제1집 함경도 선교사 서한집 II 안변(내평) 본당 편(1887-1921)』, pp. 260-261.

단(義民團)'이라는 독립군 단체를 조직하여 무력 투쟁을 시도하였다.[82] 간도의 가톨릭 신자들이 전개한 독립운동에 대해서는 상해 임시 정부에서도 관심을 가졌다. 당시 임시 정부는 1920년 5월 안중근의 친동생이자 가톨릭 신자였던 안정근(安定根, 시릴로)을 간도 지역 밀사로 파견하였다.[83] 이때 안정근은 간도 지역에서 활동하는 가톨릭계 독립운동가들뿐 아니라 이 지역 민족주의자들의 독립운동에 커다란 영향을 주었다.

2.3 항일 운동에 대한 가톨릭교회 성직자들의 반응

한국에 파견된 대부분의 선교사들은 항일 운동에 부정적이었다. 뮈텔 주교는 안중근이 사형 선고를 받고 종부성사(終傅聖事, Sacrament of Extreme Unction)[84]를 신청하였으나 거절하였을 뿐 아니라 신부들에게 종부성사를 주는 것마저 금지시켰다.

뮈텔 주교는 빌렘 신부가 안중근을 찾아가 종부성사를 주었다는 소식을 듣고 그에게 성무 정지 처분을 하면서 징계하였다. 뮈

---

82 조광, "일제침략기 가톨릭도의 민족 독립운동," p. 398; 이영호, 『독립군 의민단』(서울: 이 땅의 얼굴, 2012).

83 조광, 『한국 근현대 가톨릭사 연구』, p. 170.

84 종부성사란 세례를 받고 의사 능력(意思能力)이 있는 신자가 병이나 노쇠로 인하여 죽을 위험에 놓였을 때 받는 성사. 제2차 바티칸 공의회 이후 이를 '병자성사'라 부른다. 한국가톨릭대사전편찬위원회, 『한국가톨릭대사전』, p. 1073.

텔 주교는 가톨릭 신자뿐 아니라 한국인들이 일제에 저항해 싸우는 것을 이해하지 못하였다. 왜냐하면 그는 "독립은 절대적으로 불가능하다."고 믿었고 일제에 저항해 싸우는 3·1 운동을 부정적으로 보았기 때문이다.[85] 그는 이러한 이유로 가톨릭 신자들과 한국인 신학생들이 만세 운동에 가담하지 않기를 바랐고 이를 거스르는 신학생들과 신자들을 단죄하였다.

외국인 선교사들 대부분은 한국을 점령한 일본 총독부를 합법적 정부로 인정하였다. 가톨릭 신자들이 3·1 운동에 가담하지 않은 것에 대해 다행스럽고 자랑스럽게 여긴다는 표현도 하였다.[86] 하지만 앞에서 살펴보았듯이 독립을 바라는 가톨릭 평신도들뿐 아니라 신학생들까지 조직적으로 3·1 운동에 가담하였다. 3·1 운동에 가담한 신학생들은 퇴학조치를 당했다.[87] 선교사들은 교회 내에서 일본 정부에 저항하는 경우는 신학생들뿐 아니라 수도자들과 평신도 등 그 누구를 막론하고 교도권을 앞세워 모두 단죄하였다.

이 시기 조선인 사제들의 일제 강점과 독립운동에 대한 입장은

---

85 뮈텔, 『뮈텔 주교의 일기: 1916-1920』, p. 252.

86 최석우, 『韓國天主教會의 歷史』, p. 364.

87 뮈텔, 『뮈텔 주교의 일기: 1916-1920』, pp. 259-260; 최석우, 『한국 가톨릭교회의 역사』, p. 365.

외국인 선교사들과 차이가 없었다. 3.1운동 당시 조선인 사제들은 모두 23명이었고 그 중 5명의 조선인 사제가 북한 지역 본당에서 활동하고 있었다.[88] 이들도 가톨릭 신자들이 만세 운동에 참가하는 것을 금지하였다. 이들이 독립운동에 부정적이었던 이유는 두 가지로 추정된다. 첫째, 그들은 10년 동안 외부와 단절된 상태에서 신학 공부를 하면서 선교사들의 영향을 받았기 때문이라고 여겨진다. 조선인 사제들은 선교사들 특히 파리외방전교회 사제들에게 신학을 공부하였으므로, 독립운동에 부정적이었던 선교사들의 영향을 받을 수밖에 없었을 것이다. 둘째, 징계에 대한 두려움 때문이었을 것이다. 조선인 사제들은 안중근 사건으로 빌렘 신부가 성무 정지를 받고 추방되는 것을 목격하였다. 그들은 주교들이 일본 정부에 협조적이며 일본에 저항하는 경우 성무 정지를 당하거나 징계를 받는다는 것을 알고 두려움을 지닐 수밖에 없었을 것이다.

그러나 이들 모두가 끝까지 같은 입장을 취한 것은 아니다. 북한 지역에서 활동하던 5명의 조선인 가톨릭 사제들 가운데 의주 본당 서병익(바오로) 신부는 신자들이 만세 운동에 참가하는 것을 적극적으로 금지하였고, 신자가 만세 운동으로 체포되면 더욱 엄

---

[88] 이들은 김명제(金命濟) 장연 본당, 서병익(徐丙翼) 의주 본당, 최문식(崔文植) 조양하 본당, 이기후(李起後) 사리원 본당, 윤예원(尹禮源) 은율 본당 등이다. 윤선자, 『일제의 종교 정책과 가톨릭교회』, p. 105.

하게 처벌해야 한다고 생각하였다.[89]

하지만 은율 본당을 담당하고 있던 윤예원(토마스) 신부는 예외였다. 처음에는 3.1운동에 대해 부정적인 견해를 가졌지만, 독립운동을 하는 임 비리버라는 가톨릭 청년을 만나면서 독립운동에 가담하게 되었다.[90] 윤예원 신부는 임시 정부에서 국내 동포들에게 보내온 독립운동 참여 권유서를 배포하는 한편, 황해도 내 여러 본당과 공소를 순회하면서 상해 임시 정부의 적십자 회비를 모금하고 신자들에게 독립운동 사상을 고취시켰다.[91] 그는 신자들에게 뿐만 아니라 조선인 사제들에게 독립운동에 동참해 줄 것도 권유하였다.

하지만 그의 이러한 활동을 보고 받은 뮈텔 주교는 그를 강력하게 제재하여 1920년 6월 경기도 하우현(下牛峴) 본당으로 문책성 인사를 단행했다.[92] 결국 그는 주교에게 순명하는 차원에서 독립운동을 중단해야 했다.

---

89 〈뮈텔문서〉 1919-33. 서병익 신부가 의주에서 뮈텔 주교에게 보낸 1919년 7월 29일 서한; 윤선자, 『일제의 종교 정책과 가톨릭교회』, pp. 104-105.

90 윤선자, 『일제의 종교 정책과 가톨릭교회』, pp. 132-133.

91 한국교회사연구소 편, 『황해도가톨릭교회사』, p. 129.

92 윤선자, 『일제의 종교 정책과 가톨릭교회』, p. 138.

3. 일제 강점기 공산주의 유입과 가톨릭교회

한국 가톨릭교회는 일제의 압박에서 친일을 강요당하고 다양한 종교 탄압 정책에 시달리면서 점차 일본 정부를 지지하고 협조하는 태도를 취하였다. 반면 이 시기의 한국 지식인들은 민족 독립의 열망을 달성하기 위해 국내외에서 다각적인 노력과 접촉을 시도하였다. 이를 위해 독립운동 지도자들은 먼저 미국을 비롯한 서구 열강에 기대를 갖고 접촉했다.[93]

그러나 서구 열강은 점차 일본과 타협하면서 한국의 독립에는 무관심한 태도를 취하였다. 이처럼 냉엄한 국제 정치의 현실을 목격한 민족 독립운동의 흐름은 점차 좌경화된다. 이에 화답하기라도 하듯 볼셰비키 혁명으로 정권을 장악한 레닌 정권은 '동방우회전략'[94]을 표방하면서 반제민족 해방 투쟁을 지원하기 시작하였

---

93 제1차 세계 대전의 종전과 함께 윌슨 미국 대통령에 의해 제창된 민족 자결주의는 독립운동 지도자들을 고무시켰고, 1918년 12월 1일에 미국에서 파리강화회의에 파견할 대표단을 선출한 것을 시작으로 서울과 상해 그리고 연해주에서도 대표단을 파견하였고, 국내에서도 유림을 필두로 여학생들까지 조선의 독립 승인을 요청하는 독립 청원서를 파리강화회의에 보냈다. 그러나 파리강화회의의 일종의 승전 잔치로 끝나 버리고 말자 다시 1921년 11월 12일부터 1922년 2월 6일까지 미국에서 개최된 워싱턴회의에 기대를 걸고, 독립 청원 운동에 최선을 다했지만, 결국 민족 독립운동 지도자들은 미국을 비롯한 열강들이 약소국가를 자국의 이익 대상으로만 삼는 현실 앞에 좌절하고 만다. 변진흥, "1930년대 한국 가톨릭교회의 공산주의 인식," 한국교회사연구소, 『최석우신부 회갑기념 한국교회사논총』1982, pp. 431-433 참조.

94 레닌의 동방우회전략은 본래 서구 제국주의의 동방 식민 요새를 분쇄하지 않고는 서

다. 이러한 국제 정세를 민족 독립 투쟁의 도구와 디딤돌로 삼고자 했던 독립운동 지도자들은 자연스럽게 레닌주의에 기울면서 공산주의 사상을 반제독립 투쟁의 이론적 무기로 삼게 된다. 이로 인해 항일독립 투쟁의 이론적 무기로 부각된 공산주의는 국내까지 영향을 미치면서 한국 교회 역시 공산주의 사상과 만나게 된다.

3.1 볼셰비키 혁명과 가톨릭교회

가톨릭교회는 볼셰비키 혁명 훨씬 이전부터 사회주의에 관심을 기울여왔다. 유럽 사회의 문제, 즉 산업화 과정에서 나타나기 시작한 노동 문제의 심각성과 이에 대응하는 근대 국가의 올바른 대처방안에 대해 교황청 공식 문서를 통해 입장을 밝혀 왔다. 특히 19세기 중엽 이후 급격히 부각되기 시작한 마르크스의 반종교적 공산주의를 경고하면서 노동 문제에 대한 올바른 해결책을 제시하고자 부심했다.

가톨릭 입장에서 보면 노동 문제의 본질은 당시 자본주의 산업

구 제국주의가 타도되지 않을 것이라는 판단 하에 동방의 식민지 국가에서 민족 해방 운동을 자극하고 지원하는 전략으로 구사된 것이다. 요컨대 동방우회전략은 서구 자본주의의 경제적 요새를 교란시킴으로써 서구 자본주의 사회 내의 혼란을 촉발시키고자 하는 것이었다. 때문에 동방우회전략은 후진지역의 민족 자결운동이 반제투쟁으로 발전할 것이며 다시 그것은 민족 해방 투쟁의 단계를 거쳐 계급 혁명으로까지 발전하리라는 구상을 전제로 한다.(변진홍, 위의 글, p. 437)

구조가 야기한 노동 착취에 대해 국가와 사회구조가 적절히 대응하지 못한 결과이다. 노동자의 정당한 요구를 이념적으로 왜곡시키는 사회주의와 공산주의의 정치적 변혁 내지 혁명으로의 일탈이 빚어낸 결과이기도 하다. 교회는 이러한 사회 문제 해결을 위해 노조 결성, 근로시간 조정, 미성년 근로자 보호 등을 위한 법률 제정에 영향력을 행사하였다. 다른 한편으로 노사 분쟁에서 국가의 조정력을 요구하면서 근로자 편에 서서 중재 역할을 했다.[95] 이러한 가톨릭교회 입장을 회칙(回勅)을 통해 정식화하여 사회교리로 확립하기 시작한 교황이 레오 13세였다.

1873년 교황좌에 오른 레오 13세는 즉위 첫해에 바로 「세계의 악에 대하여」, 「사회주의와 공산주의」라는 회칙을 반포하였다. 이어 「시민권의 기원에 관하여」(1881), 「국가의 크리스천적 구성에 관하여」(1885), 「인간자유에 대하여」(1888), 「크리스천 시민의 주요 임무들에 대하여」(1890) 등도 차례로 반포하였다. 특히 1891년 「새로운 사태(Rerum Novarum)」라는 노동헌장 반포를 통해 노동운동의 진정한 의미와 진로를 밝혀 가톨릭교회뿐 아니라 19세기 인류 사회에 위대한 업적을 남겼다.[96]

95 김성태, "19세기의 가톨릭교회," 『경향잡지』 10월호(1982년), p. 61.
96 Willam Kiefer, S. M., LEO XIII (Milaukee: The Bruce Publishing Company, 1961), p. 211. 레오 13세는 〈노동헌장〉이라고 불리는 교회 역사상 가장 획기적인 『Rerum Novarum, 새로운 사태(1881. 5. 15)』라는 회칙을 반포하였다. 회칙 제 2장에서 "사회

물론 당시의 가톨릭교회도 중세까지 이어진 정교일치적 사회 구조의 중심에 있었다. 그러나 산업혁명으로 빚어진 유럽사회의 급격한 변화를 목격하면서 그 속에 내던져진 인간과 노동의 가치를 존중하는 근본정신을 강조하고자 하였다. 동시에 사회구조의 변화를 추구하는 사회주의 및 공산주의 운동이 오히려 이념의 경직성과 과격함을 불러오는 역현상을 경계해 이들로부터는 보수적이고 반동적인 집단으로 간주되었다. 결국 이런 역사적 흐름 속에서 가톨릭교회는 무신론적 국가 등장이라는 소용돌이에 휘말리게 되었고, 그 존재마저 부정하는 국가권력과 마주하게 된 것이다.

교황 비오 11세(1922-1939 재위)는 역대 교황 중 공산주의의 위협을 가장 강력하게 비판한 인물이다. 교황 비오 11세가 즉위한 당시는 소련이 공산화되고 코민테른을 결성하여 세계적으로 세력을 넓혀가고 있던 시기였으며, 그의 재임 기간 가톨릭교회를 향한 소련과, 스페인 반 파쇼 인민 전선 정권의 극렬한 박해가 계속되었다. 이러한 상황에서 교황 비오 11세는 여러 회칙을 발표하면

주의는 노동자에게 유해하고 정의에 위반되며 사적 소유권을 반대하므로 배격한다."고 선언하였다. 하지만 이 회칙은 사유 재산권의 공유화를 주장하는 사회주의 사상의 부당성에는 적은 지면을 할애하여 비판할 뿐이다. 오히려 그는 "생산과 상업이 소수에 의해 독점 장악되어 극소수의 탐욕스런 부자들이 가난하고 무수한 노동자 대중들에게 노예의 처지와 전혀 다를 것 없는 멍에를 뒤집어씌우고 있다."고 하면서 이를 "악"이라고 표현하였다. 최영철 역, 『교황 레오 13세의 회칙 새로운 사태』(서울: 한국가톨릭중앙협의회, 1995), p. 8.

서 공산주의를 단죄하였다.[97]

그는 레오 13세(1878-1903 재위) 교황이 1891년에 발표한 노동헌장의 정신을 계승하면서 노동헌장 발표 40주년을 기하여 『사회 질서의 재건에 관하여(Quadragessimo Anno)』를 1931년 5월 15일에 반포하였다. 이 회칙의 특징은 온건한 사회주의와 과격한 공산주의를 구별한 것이다. 회칙은 과격한 공산주의는 "무자비한 계급 투쟁과 사유 재산을 완전히 철폐하는 두 가지 목표를 가르치고 추구한다."고 비판하고, "그 목표를 비밀히 숨어서가 아니라 공공연하게 광포한 폭력까지 포함하는 모든 수단을 써 가며 달성한다."고 강도 높게 비난하였다.[98]

반면 온건한 사회주의는 "명칭은 보유해 왔지만 그 견해에 있어서 훨씬 덜 급진적이며, 물리적 힘을 사용하기를 배척할 뿐 아니라 계급 투쟁과 사유 재산의 폐지도 어느 정도 완화시키거나 절제하고자 한다."고 평가하였다.[99] 이 회칙은 온건한 사회주의는 공산주의보다 덜 폭력적이며 과격하지 않다고 평가하면서, 공산

---

97 교황 비오 11세는 그가 즉위한 직후인 1924년에 소련에 '구제위원단'을 파견했는데, 위원단은 당시 러시아에서 소련 공산당에 의해 자행된 교회 탄압과 비인도적 숙청만행 등에 대한 보고를 받고 이를 단죄하는 특별 담화를 발표했다. 변진흥, "1930년대 한국 가톨릭교회의 공산주의 인식," p. 443.

98 오경환 역, 『교황 비오 11세의 회칙 사십주년』(서울: 한국가톨릭중앙협의회, 1987), p. 58.

99 위의 책, p. 59.

주의의 폭력적이고 무자비함을 비판하고 경고한 반면 사회주의는 폭력성에 매몰되지 말고 그리스도교의 진리에 가까워지길 바라는 염원을 담았다.

그러나 교황 비오 11세는 1932년에 『멕시코의 교회 박해에 관한 회칙』과 『스페인의 교회 상황에 관한 회칙』을 반포하면서 러시아, 멕시코 그리고 스페인에서 자행되는 박해에 항거하여 공산주의의 폭력성에 대한 비난 수위를 높여 나갔다. 이 시기에 소련 정부는 스탈린 집권을 강화하면서 종교인에 대한 학살을 자행하는 등 종교 탄압의 강도를 높여갔다. 스페인에서도 좌익 정부에 의해 많은 성직자와 수도자들이 죽음을 당했다.

비오 11세는 이 회칙을 통해 공산화 혁명 과정에서 일어나는 폭력성을 경고하면서 모스크바로부터 가해지는 교회에 대한 박해와 공격에 대항하여 그리스도교 신앙을 수호하기 위해 노력하였다. 특히 1937년 회칙 『무신론적 공산주의에 관하여(Divini Redemtoris)』를 반포하면서 러시아에 공산주의 무신론 국가가 수립된 후 전개되고 있던 반종교 투쟁에 대해 강도 높은 비판을 가했다.[100] 그는 이처럼 제도적 차원에서 이루어지는 반종교 투쟁과 이에 따른 국가의 폭력적 탄압은 볼셰비키의 무신론적 공산주의

---

[100] 강주석 신부는 이 "회칙은 당시까지의 교회 문헌 가운데 가장 강력한 어조로 공산주의를 단죄하였다."고 평가하였다. 강주석, "공산주의를 만난 선교사들의 '마음': 한국 전쟁 시기를 중심으로," p. 40.

신조에 바탕을 두고 있다고 단정하였다.

교황 비오 11세의 이러한 강경한 태도는 이후 전 세계 가톨릭교회에 주지되었고, 제2차 바티칸공의회 이전까지 가톨릭교회가 반공주의를 변함없이 견지해 나가는 추동력이 되었다. 또한 이러한 바티칸의 입장은 일제 강점기뿐 아니라 제2차 세계 대전 종전과 함께 분단에 처하게 된 한국 교회에 그대로 투영되었고, 특히 해방 공간에서의 북한 교회에는 더욱 엄정한 잣대로 받아들여질 수밖에 없었다.

3.2 일제 강점기 한국 가톨릭교회와 공산주의

가. 공산주의 운동의 국내 유입

1917년 10월 러시아에서 볼셰비키가 정권을 잡았을 때 일제에 항거하던 한국 민족주의자들은 압록강과 두만강을 넘어 만주와 시베리아 등지에서 피난 생활을 하고 있었다. 당시 일제의 핍박을 피해 고향을 떠난 이주민 숫자는 시베리아에 약 20만 명, 만주에 약 43만 명에 이르렀다.

그중에는 1912년경 국내에서 의병 활동을 하다 일본군과의 최후 대결에서 패하자 만주로 퇴각하여[101] 이곳에서 정치적 망명 생

---

101 스칼라피노·이정식 공저, 한홍구 역, 『한국공산주의 운동사 1: 식민지시대 편』(서울:

활을 하면서 한국 독립을 위해 싸우는 독립운동가들이 다수 있었다. 이들은 한국 독립에 대한 열망이 컸다. 볼셰비키 혁명에 대한 기대감으로 그 역할을 레닌 정부가 지원해 줄 것이라 기대하고 있었다.

그들로서는 마르크스주의나 레닌주의에 대한 이해보다 우선 독립 투쟁을 하는 그들을 지원해줄 동맹군이 필요했다. 실제로 1918년 5월 하바로프스크에서 한인사회당을 만들었던 이동휘는 1921년에 레닌을 직접 만나 한국 독립운동에 대한 레닌의 지원을 약속받았다. 이동휘와 여운형을 비롯한 독립운동 지도자들은 1922년 1월 모스크바에서 개최된 극동인민대표대회[102]에 참가하면서 코민테른을 통한 국제 공산주의 운동과 불가분의 관계를 맺

돌베개, 1986), pp. 38-39 참조.

102 극동인민대표대회는 1922년 1월 21일부터 2월 2일까지 모스크바에서 열린 코민테른 국제대회를 말한다. 이 대회는 1920년 제2차 코민테른 대회에서 채택한 〈민족·식민지 문제에 관한 테제〉에 입각, 극동의 피압박 민족 문제를 다룬 회의로서, 중국·한국·일본·몽골·자바 등지의 대표들이 참가했다. 본래 명칭은 극동피압박인민대회였으나, 일본은 피압박국이 아니라는 문제 제기에 의해 인민대표대회로 변경되었다. 한국 대표단은 23개 단체 대표 52명으로 구성되었는데, 이는 대표 총수 144명의 3분의 1을 넘는 숫자였다. 주요 인물은 이동휘·박진순(朴鎭淳)·여운형·장건상·박헌영·임원근(林元根)·김단야(金丹冶)·김규식(金奎植)·나용균(羅容均)·김시현(金始顯)·김원경(金元慶)·권애라(權愛羅) 등이었고, 여운형이 대회 의장단에 선출되었다. 이동휘는 불참했다가 폐회 무렵 도착했다. 이 대회에서는 동방혁명의 중요성이 강조되었고, 특히 한국 문제에 대해서는 광범위한 반제민족 통일 전선의 결성이 유일하고 정당한 노선임이 제시되었다.([네이버 지식백과] 극동인민대표대회 [極東人民代表大會] (한국근현대사사전, 2005. 9. 10., 가람기획) 참조)

는다.

당시 레닌의 볼셰비키 정권은 일제가 1918년 블라디보스토크에 진주하고, 같은 해 8월 시베리아 출병을 감행하여 극동의 백위군을 지원하게 되자 일본군과 맞서 싸울 동맹군이 필요했다. 그들이 보기에 일본에 나라를 빼앗기고 시베리아와 만주로 피난을 와 고군분투하는 한국인들은 일본과 맞서 싸울 훌륭한 동맹 세력이었다.[103]

당시 국내에서는 주로 일본 유학생들을 중심으로 반일, 민족 독립의 길을 모색하던 청년들이 각기 소 서클 단위의 사상 단체 활동을 전개하고 있었다. 3.1운동 이후 민족 독립을 염두에 둔 청년 지식인 사이에 전개된 사회주의 운동은 1920년 4월에 출범한 '조선노동공제회'(朝鮮勞動共濟會)와 1920년 11월 결성된 '조선청년연합회'(朝鮮靑年聯合會)를 중심으로 이루어졌다.

1925년 4월 17일에 경성부 황금정 아서원에서 전격적으로 이루어진 최초의 조선 공산당 창당은 화요회(火曜會)[104]와 북풍회(北風會)[105]의 결합 형태로 이루어졌다. 화요회는 이르쿠츠크파 고려

---

103 스칼라피노·이정식 공저, 『한국공산주의 운동사 1: 식민지시대 편』, p. 39.

104 화요회는 1923년 7월 4일 청년 지식인들의 전위 단체인 신사상 연구회(新思想硏究會)의 후신이다. 이 단체는 마르크스의 생일인 화요일을 기념하여 11월 19일에 화요회로 개칭하였다. 스칼라피노·이정식 공저, 『한국공산주의 운동사 1』, p. 102.

105 북풍회는 1923년 1월 김약수가 이끄는 동경 한인 유학생들이 사회주의를 신봉하며

공산당 주도하에 있었다. 북풍회는 동경지역 한인 유학생들이 주축이 되어 결성한 북성회 후신이었다. 결국 국내 조선 공산당의 출발은 해외에서 독립운동하던 고려 공산당과 마르크스주의를 경험한 진보적 일본 유학생들의 연합에서 비롯된 셈이다.

  조선 공산당이 국내에 결성된 후에도 그들의 활동은 일본 경찰들의 철저한 탄압을 받아 국내 독립 투쟁을 이끌어 가는 역할을 할 수 없었다. 일본 경찰들은 조선 공산당이 창당하거나 재건될 때마다 명부를 입수하여 수차에 걸쳐 대대적 검거를 실시하고 치안 유지법을 적용해 무거운 형벌을 내렸다. 1926년 3월의 제2차, 같은 해 12월의 제3차, 그리고 1928년 2월에 제4차 조선 공산당이 재건되었지만, 일본 경찰의 철저한 감시와 정보망에 의해 지도자들과 공산당원들이 체포되어 와해되고 말았다. 이로 인해 일제 강점기의 국내 공산주의 운동은 1928년 일본 경찰의 대대적 검거 속에 마비되어 소멸된다.[106]

나. 한국 가톨릭교회의 반공주의

  일제 강점기에 한국 가톨릭교회는 바티칸을 통해 소련, 멕시코, 스페인에서 행해지는 교회 탄압 소식을 듣게 되었다. 또한 이에

결성한 북성회(北星會)의 후신이다.
106 스칼라피노·이정식, 『한국공산주의 운동사 1』, p. 140.

철저히 대응할 것을 강조하는 교황의 회칙을 전달받아 반공 의식을 강화해 나갔다.

『경향잡지』를 비롯한 가톨릭계 언론은 공산당이 가톨릭교회를 박해하는 글을 소개하면서 신자들로 하여금 박해 속에서 순교 정신을 이어 받은 과거 교회를 회상케 하였다. 같은 맥락에서 소련 등에서 이루어지는 공산주의의 박해에 대한 간접적인 체험을 통해 공산주의의 위협을 지속적으로 경고하였다. 그리고 교회 지도자들인 외국 선교사들은 자국 교회가 대면한 위험을 자신에 대한 위험으로 느끼면서 신자들에게 공산주의자들의 박해에 맞서 싸울 것을 주장하였다.

특히 이 시기의 한국 교회 지도자들은 역대 교황들의 반공 정책을 이어 받아 한국 내의 민족주의 노선과 연계된 사회주의·공산주의 사상이 교회에 침투하는 것을 막고 이를 배격하는데 많은 노력을 기울였다. 자료를 통해 이를 확인할 수 있는 출발 시점은 1921년이다.

한국 가톨릭교회의 기관지인 『경향잡지』 1921년 2월호에 「교황 분도 제15위 폐하의 윤음」이라는 제목으로 반공적인 글이 최초로 등장한다. 이 글에서 교황 베네딕도 15세는 사회주의를 비판하면서, "사회주의에 물들지 말며, 상종하지 말라"[107]고 경고하고

---

[107] 『경향잡지』, 1920, pp. 78-79 참조.

있다. 사회주의·공산주의자들은 겉으로는 민족 운동을 내세우고 있으므로 더욱 그들의 선전에 속아 넘어 가기 쉽다고 이를 경계하라는 것이다. 이에 따라 교회 지도자들은 "그들의 선전에 속지 말고 이에 대항하여 무신론, 유물론을 타도할 것"[108]을 수시로 호소하였다.

한국 가톨릭교회는 교황의 반공적 회칙들을 번역하여 가톨릭 잡지에 게재하면서 공산주의의 계급 투쟁을 경계하였다. 1923년 물산 장려 운동이 벌어지고 있을 때, 선교사들은 일본 상품 불매 운동과 소작인 보호 운동에 사회주의·공산주의 선전이 작용하고 있다고 우려를 나타내기도 하였다.[109] 이 시기에 선교사들이 친일적 태도와 함께 반공 태도를 취한 것은 일제와 정면충돌을 피하면서 교회의 생존을 보존하는 동시에 교황의 수위권을 존중하는 차원에서 교황 권고를 따른 것이다. 그러다가 1925년부터 공산주의에 대한 경계와 비판은 급속도로 격렬해진다.

1930년대에 접어들면서 한국 가톨릭교회의 반공주의가 강화되었다. 교회 지도층인 외국 선교사들의 태도를 무비판적으로 수용하는 모습으로부터, 공산주의 무신론과 혁명적 권력으로 교회를 무자비하게 탄압하는 현실에 맞닥뜨리면서 반공주의를 내재

---

108 『경향잡지』, 1925, pp. 97-101 참조.
109 최석우, 『韓國天主敎會의 歷史』, pp. 370-371.

화하게 된 것이다. 공산주의자들에 의한 연길교구의 참상이 가톨릭교회 언론을 통해 대대적으로 알려지면서 직접적으로 영향을 끼쳤다.

1930년 5월 30일 중국 간도에서 일어난 소위 '간도 5.30 폭동'은 연길 가톨릭교회에 심대한 타격을 주었다. 5.30 폭동은 간도에 거주하는 조선인 공산당원들이 중국 공산당 만주성위원회 지휘 하에 상하이 총파업을 기념하기 위해 대대적으로 반제반봉건적 성격의 무장 폭동을 일으킨 것이다. 가톨릭 언론은 이런 소용돌이 속에서 연길교회가 공산주의 물결에 휩쓸리면서 입었던 피해를 폭로하고 있다.[110]

「가톨릭청년」 1936년 10월호에서 각 본당이 거의 모두 공산당이나 마적, 비적들에게 피해를 당하였고, 성직자들까지 위험을 무릅쓰게 되었으며, 성당이 불타버리는 경우가 허다하였다고 전하고 있다.[111] 이러한 소식이 당시 한국 가톨릭교회에 어떠한 충격을

---

[110] 「가톨릭청년」 1935년 4월호에 곽도산의 글이 소개 되었다. 그의 글은 간도 영암촌교회의 피해 상황을 전하고 있는데. 5.30 폭동이 일어나자 간도 일대가 공산주의의 붉은 물결로 홍홍해졌고, 청년 신자들이 이 물결에 휩쓸려 교회마저 존망의 위기에 처하게 되었다는 것 등을 담고 있다. 『가톨릭靑年』, 1935년 4월호, p. 49. 양영건의 글 '만주농촌의 一夜'는 "……땅! 이것은 공산당 결사대들의 총소리! 땅땅! 이것은 日軍의 기관총소리! 쾅! 이것은 滿軍의 야포소리! 펑! 이것은 공산당의 인조폭탄 소리!"라고 묘사하고 있다.『가톨릭靑年』, 1934년 10월호, p. 69.

[111] 『가톨릭靑年』 1936년 10월호는 연길교구 40주년을 맞는 특집호로 발간되었고, pp. 34-37까지 '연길교구 각 교회 연혁과 정세'를 다루고 있는데, 특히 간도 5.30 폭동 이

안겨 주었을지 추측이 가능하다.

이런 상황 속에서 당시 한국 교회는 보다 적극적으로 공산주의의 위험성과 실체를 알리기 위해 노력했다. 여기에는 외국 선교사들뿐 아니라 한국인 신부들도 적극 참여했다. 대표적인 예로 오기선 신부는 「가톨릭청년」 1933년 10월호에서 11월호에 이르기까지 '성서 상으로 본 공산주의'를 연재하면서 "그리스도교는 공산주의와 사회주의와 그 초점이 다르다. 계급 투쟁으로 부자와 싸우기를 일삼는 공산주의·사회주의와는 전연 인연이 없다."는 점을 강조하고, 당시 마르크스주의자들이 "기아 선상에 헤매는 빈민들에게 빵을 주지 않고 그 대신에 막연한 계급 투쟁의 의식을 주입하여 인간 증오를 선동하는 것에 불과하다."고 비판하고 있다.[112]

오기선 신부는 마르크스주의자들이 자신들의 목적이 사회 혁명에 있다거나 그들 자신이 모스크바에 절대 복종함으로써 그 정치적 지도를 받고 있다는 사실을 명백히 밝힌다면 논리적 모순이라도 없겠지만, 사회 정의의 실현이라든가 다른 명분을 내세우면서 폭력을 서슴지 않고 있다는 점에서 논리를 벗어나 있다는 점을 지적하고 있다. 그는 한국 사회는 서구 사회처럼 공산주의 이론 투쟁이 가능한 사회 여건과 동떨어진 구조라고 지적하였다.

후 모든 본당이 예외 없이 수난을 당하고 있는 상황을 전하고 있다.
112 변진흥, "1930년대 한국 가톨릭교회의 공산주의 인식," p. 450.

이 시기에 가톨릭계 언론은 공산주의의 잔학상을 폭로하고 반공주의 입장을 강화하고 있었다. 한국 가톨릭교회는 교황 회칙에서 언급된 소련과 스페인의 종교 박해 상황을 간접적으로 경험하였고, 여기에다 연길교회 상황에 대한 직접 경험을 통해 공산주의에 비판적일 수밖에 없었다. 결론적으로 이러한 가톨릭교회의 경험들은 이론적·실천적으로 반공주의를 강화하는데 기여하였다.

2장

북한 정권 수립과 가톨릭교회

1945년 8월 15일 일본의 항복으로 제2차 세계 대전이 끝나고, 한반도는 38선을 사이에 두고 남쪽엔 미군, 북쪽엔 소련군이 주둔하면서 분단되었다. 이후 남북이 서로 다른 이데올로기를 내세우는 정권 아래 있으면서 분단의 아픔을 겪어야 했다.

분단은 한국 교회에도 분단을 강요했다. 교회도 반대 성향의 두 진영에 놓이게 된 것이다. 이 때문에 소련군이 주둔한 북한 가톨릭교회는 이전과는 전혀 다른 상황을 경험하게 되었다.

1. 소련군 점령과 북한 가톨릭교회

1.1 소련 군정의 종교 정책

소련은 1945년 8월 초 대(對) 항일 선전 포고를 하고 북한 지역을 향해 남하하기 시작하였다. 소련은 당시 슈티코프 장군 휘하에 있던 소련 육군 제25군을 보내 두만강을 넘어 한반도 진입에 성공하였다. 소련군이 진주한다는 소식을 듣고 청진과 회령 본당에 파견된 독일 선교사들과 수녀들은 피난에 나서야 했다. 미처 피난을 가지 못한 회령 본당 주임 비트마로 파렌코프(Witmarus Farrenkopf, 한국명 朴偉明) 신부는 8월 21일 체포되어 죽임을 당했다. 이로써 그는 북쪽 지역에서 소련군에 희생된 첫 번째 선교사가 되었다. 1945년 9월 2일에는 연길교구에서 활동하던 엔겔레만 첼네르 수사가 죽임을 당했다. 1946년 5월 26일에는 유 셀바시오 신부가 총살당했다.[113]

소련군은 8월 15일 일본이 일방적으로 항복하면서 함흥을 거쳐 평양을 점령한다. 8월 26일에는 38도선을 완전히 봉쇄하고 평양에 거점을 마련한다. 평양에 진주한 소련군은 처음에는 가톨릭 교회를 강압적으로 다루었다.

소련군 고급 장교가 평양주교관에 와서 가재도구를 포함한 주교관, 부속 건물을 소련군에 양도하라고 명령했다. 서포 수녀원에는 군용 트럭을 몰고 가 주야를 가리지 않고 횡포를 일삼았다. 하

---

[113] 김창문·정재선, 『韓國 가톨릭: 어제와 오늘』, p. 312.(그러나 1963년에 발간된 이 책에 표기된 대상은 모두 분도수도회 출신 선교사들인데, 2009년에 분도출판사에서 『분도통사』를 발간하면서 정확한 표기법에 따라 인명부를 작성했으므로, 이에 따라 성명을 바로잡을 필요가 있다. 즉 『분도통사』 p. 1780에 명기된 인명부에 따르면 엔겔레만 첼레르 수사는 엔젤마로 첼너(Engelmarus Zellner), 유셀바시오(Servatius Ludwig)는 세르바시오 루드비히((Servatius Ludwig, 류세환)으로 각각 표기된다.- 필자 주)

지만 평양교구장 홍용호 주교가 상부에 찾아가 교섭을 벌이자, 소련군 사령부는 예상외로 협조적으로 나오며 양도 명령을 취하하고 호의적으로 대하기 시작했다.[114] 이 시기 소련은 북한을 점령하면서 북한 주민들의 민심을 자극하여 적대 세력으로 만드는 것보다 우호 세력을 만드는 것이 유리하다고 생각한 것 같다.

1945년 9월 20일 스탈린은 북한을 점령한 사령부에 "소련군은 주민들에게 피해를 주지 않으며, 예의바르게 행동하도록 지시"하라는 지침을 내렸고, 같은 항에 종교에 관해서도 북한에 있는 소련군은 "종교 의식과 예배를 방해하지 말고, 성당 기타 종교 시설에 손을 대지 말라"고 지시하였다.[115] 소련군정은 이 지시에 따라 북한 지역에서 종교 유화 정책을 폈다.

이는 종교의 효용성을 인정하면서 정권에 협조적 단체를 만들기 위함이었다. 또한 북한 주민들로 하여금 소련군에 적대감을 갖기보다 당국에 협조하게 만들기 위해서였다. 1945년 10월 10일자 「북조선주둔 소련 제25군 사령관 명령 제7호」 문서에는 명령 7개 항이 담겨 있는데, 제3항이 각종 종교 단체의 의식을 허용한다는

---

114 가톨릭평양교구사편찬위원회, 『가톨릭평양교구사』, pp. 192-193.

115 와다 하루키, "소련의 對北韓政策 1945-1946," 브루스 커밍스 외, 『분단전후의 현대사』(서울: 일월서각, 1983), p. 262.

내용이었다.[116]

비록 소련이 마르크스-레닌주의적 무신론과 유물론을 앞세워 종교를 비판하였지만, 북한을 점령하는 동안에는 정권에 협조적인 종교 단체로 만들기 위해 포용적 태도를 취한 것이다.[117]

1.2 북한 정권의 종교 정책과 가톨릭교회의 대응

가. 이중적인 종교 정책

소련군정의 종교 포용 정책은 북한 공산당 정권의 종교 정책에 영향을 주었다. 북한 공산당은 1946년 2월 '북조선임시인민위원회'를 수립하고 종교에 대해 사회적으로 요구되는 기본 틀을 제시하였다. 첫째, 진보적 종교 집단과의 통일 전선이었다. 둘째, 대다수 종교인들이 통일 전선의 일각을 구성하고 따라서 혁명 동력에 포함된다면, 나머지 일부의 반동적 종교인들은 혁명 대상으로 집중 공격 앞에 노출되는 것이었다. 셋째, 종교의 자유를 보장하되,

---

[116] 김국후, 『평양의 소련군정』(서울: 한울, 2008), p. 99.

[117] 그러나 평양교구사는 점차 소련 군정의 이러한 태도가 이중 정책이었음을 드러냈다고 다음과 같이 밝히고 있다. 즉 "시간이 흐름에 따라 소련군 사령부가 표면상 교회를 옹호하는 체하면서도 그 이면에서는 정반대의 지령을 시위원회에 내리는 음흉한 이중인 대책을 취하고 있음을 알게 되었다. 공산주의자들의 이율배반적 정책을 모르는 바는 아니었으나 그 흉계와 정책을 다시 확인할 수 있었던 것이다." 가톨릭평양교구사편찬위원회, 『가톨릭평양교구사』, p. 183.

새로운 사회 건설의 기본 질서를 침해할 정도로 특권화 되어선 안 된다.[118] 북한 정권은 소련군정의 종교 정책에 따라 통일 전선 측면에서 종교인들에 대한 자극을 자제하는 한편 종교인들의 특권화도 견제하였다.

이 시기에 북한 정권은 북한 지역 종교인들의 세력을 무시할 수 없었다. 해방 후 북한 지역에는 5만 5천여 명의 가톨릭 신자, 20만여 명의 개신교 신자, 40만여 명의 불교 신자, 170만여 명의 천도교 신자들이 있었다.[119] 1946년 말 당시 북한 인구 925만 7천 명을 기준으로 할 때 그리스도교 신자는 전체 인구의 2.8%(개신교 신자 2.2%, 가톨릭 신자 0.6%), 불교 신자는 4.3%, 천도교 신자는 18%를 차지하였다.

118 강인철, "월남 개신교·가톨릭 신자의 뿌리: 해방 후 북한에서의 혁명과 기독교," pp. 110-112.

119 변진흥은 해방후 북한 지역 가톨릭 신자들 수를 덕원교구 5,370명, 함흥교구 5,474명, 평양교구 28,400명과 그 외 황해도지역 12,853명과 춘천교구 소속 38선 이북 지역의 신자들 통계를 활용하여 약 5만5천 명으로 추산하였다. 변진흥, "북한 '침묵의 교회'와 공산주의-북한의 소비에트화 시기(1945.8-1950.6)를 중심으로," pp. 84-85; 유일무이하게 종교 현황을 다룬 1950년판 『조선중앙년감』에 북반부에 기독교 교회 약 2,000개, 교도 약 20만명, 장로 2,142명, 목사 410명, 전도사 498명이며, 불교는 사찰 518개, 승려 732명, 신도 375, 438명으로 기록하였다. 조선중앙통신사, 『조선중앙년감』(평양: 조선중앙통신사, 1950), pp. 365-366. 가톨릭교회와 천도교 인원은 기록되지 않았다. 천도교에 대해서는 1946년 2월 1일 천도교북조선종무원이 창설되었으며 현재 99개소의 종리원이 있다고 언급하였다. 천도교 신자수는 해방 당시 170만 명으로 추산되며, 1950년 초에는 287만 명에 이르게 되었다. 한국기독교역사연구소 북한교회사 집필위원회, 『북한교회사』, p. 417.

이러한 종교 상황을 감안하여 북한 당국은 종교를 배척하기보다 통일 전선 차원에서 종교를 정치적으로 이용하기 위한 회유책으로 종교 단체 결성에 착수했다. 1945년 12월 26일에 '북조선불교도총련맹'이 가장 먼저 창립되었고, 1946년 11월에는 기독교 단체인 '북조선기독교도련맹(이하 기독교도련맹)'이 설립되었다. 1947년에는 '천도교 북조선 종무원'이 설치되었다.

이 종교 단체들에 가입한 종교인들은 북한 당국의 정책을 지지하고 협력하는 입장을 취하였다. 단적인 예로, 기독교도련맹은 주일 선거 참여를 거부하겠다는 연합노회 측에 맞서 김일성 정부에 대한 지지와 선거 참여 의사를 밝히는 성명서를 발표[120]하는 등 북한 당국에 적극 협력하였다.

북한 정권의 종교 정책은 1946년 3월 23일 발표된 20개조 정강에 들어있다.[121] "전체 인민에게 언론, 출판, 집회 및 신앙의 자유를 보장할 것"(제3조)과 "전체 공민들에게 성별, 신앙 및 재산의 유무를 불문하고 정치 경제 생활에서 동등한 권리를 보장할 것"(제5조) 등이다.[122] 이처럼 북한 정권은 초기에 신앙의 자유와 신앙 유

120　한국기독교역사연구소 북한교회사 집필위원회, 『북한교회사』, p. 399.
121　와다 하루키, "소련의 대북한 정책, 1945-1946," p. 262 참조.
122　김일성, "제20개조 정강," 『김일성 저작집, 제2권』(평양: 조선로동당출판사, 1979), pp. 125-126.

무에 따라 차별받지 않을 권리를 문서화했다.

북한 정권의 종교 방침은 김일성이 인민 위원 선거를 앞두고 했던 "역사적 민주 선거를 앞두고"라는 연설문에 잘 나타나 있다. "선량하고 애국적인 종교인이라면 누구나 인민 위원에 선거될 수도 있고 인민 위원을 선거할 수도 있으며 인민위원회의 사업에 열성적으로 참가할 수 있으며 또 반드시 그렇게 하여야 할 것입니다."라고 주장하였다. 그리고 그는 "만약 종교 활동가 중의 어떤 분자들이 종교의 전통과 교리를 구실 삼아 이번 선거에 교인들이나 승려, 목사들이 참가하는 것을 반대하려고 한다면 그것은 외국에 매수되어 간첩으로 된 자들이 종교를 자기들의 파괴 활동에 리용하려는 것임에 틀림없습니다."[123] 그는 종교인들이 정권에 협조적이면 인민 위원으로 활동이 가능하다는 것을 주장하면서도, 종교가 당의 정책에 반대하고 저항하는 태도를 보인다면 이는 반국가적 행동이 될 것이라 경고하였다.

결론적으로 소련 군정 하에서 북한 당국은 회유책과 반종교 투쟁의 이중적인 종교 정책을 폈다. 북한 당국은 "사회주의에서 노정할 수밖에 없는 종교에 대한 '이중성'에 기초하여 종교적 세계관에 대해서는 부정을, 그러나 종교 행위에 대해서는 애국적이며,

---

[123] 김일성, "역사적 민주 선거를 앞두고," 『김일성전집 제4권』(평양: 조선로동당출판사, 1992), pp. 381-382.

민족적인 성격의 종교 및 종교인과 반동적 종교인을 구분하여 대하는 정책을 추구하였다."[124]

북한의 종교는 이러한 이중적 구조에서 북한 정권의 정치적 판단에 따라 선별적으로 신앙의 자유를 허락받았다. 그 결과 북한 정권의 정책에 협조하는 종교인들은 어느 정도 신앙의 자유를 누릴 수 있었지만, 이를 거부하여 반정부 입장을 추구하는 종교인들은 자유를 완전히 박탈당하고 탄압을 받았다.

나. 가톨릭교회의 대응

북한 정권이 회유책과 반종교 투쟁으로 이중적인 종교 정책을 펼칠 때, 북한 가톨릭교회는 반공 이데올로기를 강화하고 공산당 정부에 비협조적이었다. 반면 김일성의 외종조부로 장로교 목사였던 강양욱은 김일성을 지지하는 일에 앞장섰다. 강양욱은 1945년 11월에 조만식이 창당한 조선 민주당에 참여했지만, 신탁 통치를 반대한 조만식이 제거된 후 최용건과 함께 조선 민주당을 재편하면서 기독교도련맹을 설립하고, 조선 민주당, 기독교도련맹과 밀접한 관계를 유지하면서 김일성 정권의 강화를 뒷받침했다. 강양욱은 가톨릭교회를 기독교도련맹에 끌어들이기 위해 애썼는

---

124 정영철, "남북종교 정책의 변화와 현재," 『남북문화예술연구』(남북문화예술학회, 2008. 12), p. 41.

데, 평양교구장 홍용호 주교는 이를 단호히 거절하였다.[125]

　홍용호 주교는 기독교도련맹에 가입을 거절하였을 뿐 아니라 평양교구의 모든 신자에게 연맹 가입을 금지하였다. 그는 무신론자들에게 일시적 또는 외면적으로라도 협력하는 것은 가톨릭 교리에 어긋나는 일이자 신앙을 배반하는 일임을 주지시켰다. 가톨릭교회가 이 단체에 가입하는 것은 정치적 선전에 휘말리는 일이고 공산당의 허위 선전에 이용당하는 것이라 생각했기 때문이다. 이처럼 북한 가톨릭교회가 기독교도련맹 가입을 거부했음에도 북한 정권은 어떻게든 가톨릭 신부들을 참여시키려 집요한 공작을 계속하였다.[126]

　북한 교회 신자들은 소련군 감시와 북한 당국의 반종교 투쟁의 어려움 속에서도 더욱 열심히 신앙생활을 하였다. 가톨릭 신자들은 북한 정권에 간접적인 방법으로 저항하였다.[127] 더 열심히 미사

125　북한 정권의 관영 단체의 하나로 '기독교도련맹'(基督教徒聯盟)이 조직되었는데 이는 소수 개신교의 목사와 신자들로 구성된 것으로, 이 연맹원들은 각 교회의 보고서를 모아 정치 보위부에 보고하는 것이 주된 임무였다. 가톨릭교회가 이 연맹에 가입하지 않자 북조선 인민위원회 서기장 강양욱이 여러 번 홍용호 주교를 방문하고 가톨릭도 이 연맹에 가입해 줄 것을 요청했다. 그러나 홍 주교는 한마디로 거절하였다. 가톨릭평양교구사편찬위원회, 『가톨릭평양교구사』, p. 194.

126　홍용호 주교가 기독교도련맹 가입불가 방침을 밝혔지만, 북한 정권은 집요하게 가톨릭 신부를 기독교도련맹에 끌어들이기 위해 애썼다. 황해도 안악 본당의 김경민(金景톳, 루도비코) 신부에게 억지로 기독교도련맹 위원을 맡기고, 김철규 신부에게도 강권했다. 한국교회사연구소 편, 『황해도가톨릭교회사』, p. 468.

127　홍용호 주교도 기독교도련맹에의 가입은 적극적으로 방어했지만, 북한 공산 정권의

에 참석하고 신앙생활을 하였던 것이다. 그 결과 평양교구 신자들은 해방 전에 비해 10배가 넘는 수가 매일미사에 참석하였다.[128]

가톨릭 신자들은 가능하면 더 많은 사람이 세례를 받게 하기 위하여 전교 활동에 더 힘을 기울였다. 가톨릭교회 활동에 대한 감시와 박해가 계속된 가운데서도 1948년 1년간 평양교구 세례자 숫자는 1,000명에 달하였다.[129] 소련 군정 하에서 북한 교회는 이처럼 무신론적 공산주의 사상에 간접적으로 저항하면서 가톨릭 교리를 전하려 노력하였다. 그 결과 놀라울 정도로 교세가 크게 확장해 나가는 모습을 보여 주었다.

1.3 북한 정권의 민주개혁과 가톨릭교회의 대응

가. 민주개혁 조치와 가톨릭교회의 피해

북한은 소련군 점령 하에 사회주의 국가들이 취했던 다양한 개

정책에 대해서는 소극적인 태도를 보이면서 북한 당국을 직접적으로 자극하려는 모습은 보이지 않았다.

128 가톨릭의 경우 매일미사 참여자 숫자는 교세뿐만 아니라 신앙생활의 강도를 측정하는 기준이 된다. 평양교구가 집계한 1948년도의 매일미사 참여자 수는 주교좌성당인 평양 관후리성당 평균 250명, 대신리 400명, 진남포 200명, 신의주 150명 등이었고, 이밖의 본당에서도 신자 총 숫자의 10% 이상이 매일미사에 참여했음을 보여 주고 있다.가톨릭평양교구사편찬위원회,『가톨릭평양교구사』, p. 204.

129 위의 책, p. 205.

혁을 실시하였다. 1946년 2월에는 북조선 공산당과 조만식을 배제하면서 재편된 조선 민주당, 그리고 천도교 청우당과 조선 신민당의 통일 전선을 기반으로 북조선 임시인민위원회가 수립되었고, 임시인민위원회는 3월에 토지 개혁을, 8월에 중요 산업 국유화를 단행하며 민주개혁을 실행하였다. 이러한 정책 실행은 직접적으로 가톨릭교회의 이념과 경제적인 자립 기반을 뒤흔들었고 직간접적인 타격도 입혔다.

임시인민위원회는 1946년 3월 5일에 「북조선 토지 개혁에 관한 법령」을, 이어 8일에 「토지 개혁 법령에 관한 세칙」을 발표하였다. 이 법령과 세칙은 토지 몰수 및 분배에 관한 내용을 담고 있었다. 토지에 대한 '무상 몰수 무상 분배' 원칙을 천명한 것이다. "5정보(1정보는 3천 평) 이상을 소유한 지주의 토지는 모두 몰수하는 동시에 토지 면적이 많고 적은 것을 불문하고 전부 소작을 주거나 계속 소작 준 지주의 소유 토지를 전부 몰수함으로써 일체 불로 지주를 청산하는" 것이었다.

이 시기에 북한의 농민 구성은 완전 소작농과 반 소작농이 전 농가의 3/4에 이르렀다.[130] 물론 이 시행령은 종교 단체에도 적용

---

130 1943년 말 38선 이북의 총 경지 면적은 1,982,431정보로 지주 소유 면적은 총 경지의 58.2%인 1,154,838정보였다. 이를 다시 논과 밭으로 나누어 보면 논은 72.4%, 밭은 53.8%가 전 농가 호수의 4%에 지나지 않은 지주 소유였다. 북한의 농민 구성을 보면 완전 자작농은 전 농가 호수의 약 25%인 251,261호이고, 반 자작농은 30.8%인 309,

되었다. 제3조는 "5정보 이상으로 소유한 성당, 승원 기타 종교 단체의 소유지"를 명시하고 있다. 토지 개혁령은 20여 일 동안 빠르게 진행되었는데, 이로 인해 종교 단체들은 소유 토지 대부분을 빼앗기게 되었다. 윤선자에 따르면 "1924년 당시 교구 소속 부동산 중 교회 부지를 제외하고 '경작지'가 차지하는 비율은 원산 천주교 재단의 경우 87%, 평양 천주교 재단은 89%, 경성 천주교 재단은 76%에 달했다."[131]

북한 교회는 토지 개혁령이 실시될 당시 넓은 경작지를 소유하고 있었기에 북한 정부에게는 지주층으로 분류되었을 가능성이 크다. 당시 가톨릭을 비롯한 종교 단체들이 토지를 소유하면서 누리던 세력이나 이를 매개로 교세 확장을 한 점을 고려한다면, 북

143호, 완전 소작농은 43.4%인 435,789호였으며, 지주는 46,134호에 지나지 않았다. 조선은행조사부, 『조선경제년보』, 1948, pp. 1-375 ; 兪仁浩, "해방 후 農地改革의 전개과정과 성격," 송건호 외, 『解放前後史의 認識』(서울: 한길사, 1979), pp. 383-384 재인용.

131 윤선자, "조선총독부의 종교 정책과 가톨릭교회의 대응," 殉國先烈遺族會, 『殉國』 86호(1998.3), pp. 165-167. 강인철은 "1890년대 이후 조선 가톨릭교회는 소작지의 운용을 선교 정책의 본질적인 한 부분으로 간주해 왔을 가능성이 크다."고 평가하였다. 그리고 그는 "이것은 1860년대부터 주로 파리외방전교회 소속 선교사들에 의해 중국 가톨릭교회에 전형적으로 적용되었던 '교민주의(敎民主義)'라는 선교 정책을 조선에도 도입한 것이었다고 볼 수 있다."고 주장하였다. 강인철, 『한국 가톨릭의 역사사회학: 1930-1940년대의 한국 가톨릭교회』(오산: 한신대학교 출판부, 2006), p. 202. 교민주의는 교회가 대규모의 농장을 소유하고 있으면서 신자들이나 비(非)신자들에게 나누어 경작하게 하여 소작료를 받아 교회 경비를 마련하고 교민(敎民) 및 비교민에게 생계 수단을 제공하고 교민을 유지·확대하는 선교 방법이다.

한 당국이 토지 개혁 시행령에 종교 단체 토지를 포함하여 토지 개혁을 통해 종교 단체들의 세력을 약화시키려는 의도가 있었음이 분명하다.

토지 개혁령으로 북한 지역 가톨릭교회 중 가장 심한 피해를 입은 곳은 독일인이 관할하던 덕원 베네딕도 수도원(이하 덕원 수도원으로 약칭)이었다. 당시 덕원 수도원은 수도원 본관 건물과 신학교, 농장, 병원, 인쇄소, 목공소, 출판사, 양로원, 철공소, 생필품을 지급하는 작업장이 있었다. 신부, 수사, 신학생, 잡역부를 포함한 백여 명의 식구들이 여기서 생산되는 것들로 자급자족하고 있었다.

덕원 수도원은 토지 개혁으로 정원과 건물 대지 5헥타를 제외하고 모두 몰수당했다.[132] 함흥, 덕원교구는 1946년 여름부터 극심한 생활난과 식량난에 시달려야 했다. 이런 어려움은 대부분 그 직전 토지 개혁에서 비롯된 것이었다. 결국 신학생들을 모두 집으로 돌려보낼 수밖에 없었고, 1947년 봄 덕원 수도원의 보니파시오 주교는 서울교구 노기남 주교에게 긴급히 원조를 요청하였다.[133]

북한 당국은 토지 개혁을 시행함과 동시에 1946년 3월 25일,

---

132 프루멘시우스 렌너, "원산교구사"(7), 『교회와 역사』제60호, p. 2.
133 『경향잡지』(1946. 12) p. 77. 강인철, "해방 정국과 한국 가톨릭교회," 한국사목연구소, 『한국 가톨릭교회사의 성찰과 전망 2-해방 공간과 한국 전쟁을 중심으로』(서울: 한국가톨릭중앙협의회, 2001), p. 81 재인용.

'학교 교육에 대한 개선책에 관한 결정'에 따라 5년제 의무 교육을 실시하였다. 이로 인해 종교 단체에서 운영하는 초등 교육 기관들이 모두 국유화되었다.[134] 이는 초등 교육에 주력하였던 가톨릭 측에 큰 타격을 주었다.[135] 북한 당국은 종래 공사립을 모두 통폐합하여 인민 학교로 만들었다. 개신교와 가톨릭교회는 미션 학교들을 운영하였는데 정부가 학교들을 몰수하여 국·공립화 함에 따라 종교 단체는 더 이상 학교에서 종교 교육을 실시할 수 없었다.

가톨릭 재단 학교 중에 가장 먼저 몰수당한 학교는 평북 비현 성심학교였다. 이 학교는 비현성당에서 학비와 운영비를 전부 부담하며 운영하던 가난한 어린이들을 위한 교육 기관이었다. 비현면 인민위원회는 성심학교를 신설(新設) 중학교 교사(校舍)로 빌려달라는 데서부터 시작하여 교재 검열, 교사들의 대우나 자질에 대해 문제를 삼다 학교를 폐쇄한 다음 강제로 몰수하였다.[136] 이후 1948년까지 북한 당국은 신의주의 성심학교, 진남포의 해성학교, 평양의 성모보통학교, 동평학교 기타 4~5개소의 가톨릭계 학교를 하나씩 몰수하였다. 마침내 1948년 2학기에 접어들면서 의

---

134 임건묵, "해방 직후 북한기독교와 공산세력의 관계 연구," 감신대 석사학위 논문(1987), p. 41.

135 강인철, "월남 개신교·가톨릭 신자의 뿌리: 해방 후 북한에서의 혁명과 기독교," 『역사비평』 17(1992년 여름호), p. 113.

136 가톨릭평양교구사편찬위원회, 『가톨릭평양교구사』, pp. 195-196 참조.

주 해성 학교가 마지막으로 몰수당하면서 가톨릭 재단이 유지·경영하는 학교는 하나도 남지 않게 되었다.[137] 가톨릭교회는 주로 유치원과 초등 교육을 실시하고 있었기 때문에 피해가 많았다.

북한 당국은 공립 학교와 사립 학교의 병존을 허용하지 않고 사립 학교에 대한 일방적 몰수 방식으로 진행했다. 북한 당국이 추진하고자 했던 교육개혁의 핵심은 종교기관이 담당하던 종교 교육을 폐지하고 국가 기관이 담당하여 사회주의화 교육을 실행하는 것이었다. 이 조치로 교회는 신학교를 제외하고 어떠한 중고등 교육 기관도 운영할 수 없게 되었다. 종교 교육의 장이었던 미션 학교들도 더 이상 존재할 수 없게 된 것이다.

가톨릭교회는 학교를 통해 이루어지던 종교 교육 측면에서 심각한 손실을 감수할 수밖에 없었다. 반면 인민학교는 반종교 교육의 장이 되면서 유물론과 신론을 강조하는 교육 터전이 되었다. 이로써 북한 당국은 교육 부문에서 사회주의화 과정을 진행하는 첫걸음을 내딛게 된 것이다.

한편 북한 정권은 토지 개혁을 시행하면서 1946년 8월에 일본인 및 친일파 소유 자산에 대한 국유화 법령을 발표하고 주요 산업 국유화 정책을 실시하였다. 산업 국유화 조치는 일제 소유였던 산업을 국유화하려는 반제국주의적 개혁조치였다. 하지만 정부

---

137 위의 책, p. 196.

는 중요 산업 국유화 시책에 따라 종교인과 종교 단체가 지닌 재산도 몰수하였다.[138] 가톨릭교회는 국유화 정책에 따라 성당, 병원, 학교 등의 경제적 기반을 잃으면서 선교에 큰 타격을 입었다. 이처럼 가톨릭교회는 북한 당국의 사회주의 체제 수립 준비 과정에서 경제적으로 큰 손실을 입었다.

나. 가톨릭교회의 대응

북한 가톨릭교회는 토지 개혁, 학교의 공교육화, 주요 산업 국유화 정책 실시로 많은 피해를 입었지만, 북한 가톨릭교회 지도자들은 크게 저항하지 않고 수용하는 입장이었다. 북한 가톨릭교회가 반공주의를 따르긴 했지만 가능하면 그들과 마찰을 빚기를 원치 않았기 때문이다. 어쩌면 이는 북한 가톨릭교회 지도자들이 그 이전 100년 동안 이어진 박해에 비해 어느 정도 견딜 수 있는 수준으로 여겼을 수 있다. 내외 환경이 그 이전보다 더 나은 것이라 볼 수도 있었을 것이다. 그래서 북한 교회는 북한 정권의 정책에 찬성하는 입장도 그렇다고 적극적으로 저항하는 태도도 취하지 않으면서 고난을 감수하였다.

북한 지역에서 가톨릭 신자들이 북한 당국의 개혁 정책에 대해 간접적이고 소극적으로 비난하고 저항한 흔적도 있다. 평양교구

---

138 공산권문제연구소, 『북한총람』(서울: 공산권문제연구소, 1968), p. 456.

는 1948년 봄 북한 당국의 반종교 교육에 위협을 느끼고 교회의 안전, 신자들의 영적 지도와 보호 등을 목적으로 성소후원회(聖召後援會)를 조직해 신학생들을 양성할 계획을 세웠다.[139] 이 모임은 비밀리에 활동하였지만 교구 내 신자들은 물론 초등학교와 중학생들까지 모금에 참여하였다. 그해 덕원 신학교에서는 30명의 신학생과 서울 신학교에 3명의 신학생이 공부하고 있었다.[140] 해방 이후 매년 북쪽 지역 신학생들이 덕원 신학교에 입학하였다. 그로 인해 황해도 지역과 평양교구에서는 매년 사제서품(司祭敍品)이 거행되었다.

황해도 지역에서는 1947년 10월 28일 마지막 서품식이 있었다. 신천 출신 최석호(崔奭浩, 바오로) 신부가 서품을 받은 것이다.[141] 평양교구에서 마지막 사제서품식은 1948년 10월 평양 관후리성당의 홍용호 주교 집전으로 거행되었다. 이때 서운석(徐雲錫, 보니파시오)과 최항준(崔恒俊, 마티아) 두 명의 사제가 탄생하였다.[142]

함경도 덕원면속구에서는 1948년 4월 6일 김종수(金宗洙, 베르나르도) 신부와 12월 26일 김이식(金利植, 마르티노) 신부가 각각 덕

---

139 가톨릭평양교구사편찬위원회, 『가톨릭평양교구사』, p. 206.

140 위의 책, p. 207.

141 한국교회사연구소 편, 『황해도가톨릭교회사』, p. 895.

142 가톨릭평양교구사편찬위원회, 『가톨릭평양교구사』, pp. 206-207.

원 면속구장 보니파시오 사우어 주교 주례로 서품을 받았다. 김이식 신부의 서품식은 북한 지역에서 거행된 마지막 서품식이었다.

한편 황해도 장련 중학교 학생들은 학교에서 애국가 대신 적기가(赤旗歌)를 부르게 한 북한 지역의 학교 방침을 거부하면서 전교생이 동맹 휴학을 하였다. 주동자들은 가톨릭 신자 학생들이었는데, 그들은 학교에서 퇴학당하거나 정학 처분을 받았다.[143] 또한 장련 여자 중학교 학생이 반공 삐라를 살포하였는데, 그는 백기옥(白基玉, 말가리다)이라는 가톨릭 신자였다. 이 사건으로 가톨릭 학생과 장로교 학생 40여 명이 연행되었는데 모두 증거가 없어 석방되었다. 백기옥은 아버지의 도움을 받아 월남하였다.[144] 북한 지역에서는 가톨릭 학생들이나 신자들이 직·간접적으로 북한 정권에 의해 행해진 개혁 정책에 반발하여 여러 방식으로 저항을 시도하였다.

북한 가톨릭교회가 이처럼 소극적이고 간접적으로 북한의 소비에트화 정책에 저항하고 있을 때, 남한 가톨릭교회는 북한 가톨릭교회의 실상을 알리는데 적극적이었다. 또한 직접적으로 북한 정권을 비판하며 반공 투쟁을 강화하였다. 특히, 북한의 토지 개혁 이후 보니파시오 사우어 주교가 남한 가톨릭교회에 원조를 요

---

143 한국교회사연구소 편,『황해도가톨릭교회사』, p. 507.

144 위의 책, p. 507.

청했을 때, 남한 가톨릭교회는 덕원교구를 위해 구호금을 모으면서 "가톨릭과 악마의 전쟁은 벌어졌다"[145]고 하였다.

남한 가톨릭교회는 북한의 토지 개혁으로 덕원 수도원의 신학생들과 수도자들이 굶주림으로 고통받는 실상을 알리면서 공산주의를 악마라 부르며 반공 투쟁을 고무하였다. 이 시기 남한 가톨릭교회는 "인류의 안녕 복리와 세계의 평화를 위하여 우리는 우리의 생존과 자유를 도(賭)하고 파괴자들을 향하여 용감한 행동을 취하지 않을 수 없다."[146]고 주장하면서 반공 투쟁을 행동에 옮길 것을 요청하였다. 남한 가톨릭교회는 북한 정권의 정책들을 격렬히 비난하며 가톨릭 신자들에게 공산주의의 위험성을 알리고 공산주의에 대항해 적극적으로 행동할 것을 촉구하였다.

2. 북한 정권 수립과 가톨릭교회

1948년 9월 9일 북한에 공산당 정권이 수립되었다. 북한 당국은 소련군이 철수하자 곧바로 종교에 대한 탄압을 노골화하였다. 비록 1948년 9월 9일 소련 공산당 주도하에 소련 헌법을 기초로

---

145 강인철, "해방 정국과 한국 가톨릭교회," p. 83.
146 『가톨릭청년』(1947.12), p. 1.

만들어진 북한 헌법에는 "정교분리 원칙과 신앙 및 종교 의식 거행의 자유"를 인정[147]하였지만, 북한 당국은 정권에 반대하는 종교 세력을 박해하기 시작했다.

북한 당국은 1948년 말부터 시작하여 한국 전쟁이 발발하기 전까지 수도원과 성당을 폐쇄하였다. 공산 정권에 비협조적인 성직자들과 수도자들을 연행하거나 처형하였다. 가톨릭교회는 북한 정권의 정책에 협조하지 않았고, 남한 가톨릭교회도 강하게 반공주의를 내세우고 있었기 때문에 더 심한 박해를 받았다.

2.1 덕원 수도원 폐쇄

북한 당국이 가장 먼저 박해한 곳은 덕원 수도원이었다. 덕원 수도원은 북한에서 가장 큰 수도원이었고 북한에 들어와 22년간 선교 활동을 하고 있었다. 당시 15명의 독일인 성직자를 비롯하여 신부, 수사 등 회원이 100여 명을 넘었고, 빵 공장, 포도주 양조장, 인쇄소, 신학교 등을 경영하고 있었다. 덕원 수도원은 토지 개혁으로 많은 땅을 몰수당해 어려움을 겪었다.

1948년 11월 말, 북한 당국은 경리 담당자 다고베르트 엔크 (Dagobert Enk, 한국명 嚴光豪) 신부를 포도주 불법 생산 탈세 명목

---

[147] 김국후, 『평양의 소련군정』, p. 238.

으로 가장 먼저 체포하였다. 그는 정부 조합장 부탁으로 포도주를 숙성하였는데 당국은 이를 불법 주류로 판단하고 체포하였다.[148] 수도원 쪽에서는 그의 석방을 위해 노력하였지만, 그는 아무런 심리도 판결도 받지 않은 채 미결 상태로 감금돼 있었다.[149]

이듬해인 1949년 4월에는 인쇄소 책임자였던 루도비코 피셔(Ludwig Karl Fischer, 한국명 裵) 수사가 불온물 인쇄 죄목으로 체포되었다. 반공주의 선전 삐라와 비밀 조직의 명단을 인쇄했다는 것이다. 당시 수도원 기사, 한국인 청원 수사와 신학생이 공산주의를 반대하는 극우파 청년들에게 부탁을 받고 장상의 허가 없이 비밀리에 삐라를 인쇄한 일이 있었다. 결국 그 사실이 드러나 책임자와 관련된 수사들이 체포되었다.

1949년 5월에 들어 본격적으로 성직자, 수도자들이 체포되었다. 9일에는 덕원 면속구장 보니파시오 사우어 주교와 루치우스 로트(Lucius Roth, 한국명 洪泰華) 수도원장, 아르눌프 쉴라이허(Arnulf Schleicher, 한국명 安世明) 부원장 신부, 루페르트 클링사이즈(R. Klingseiz, 한국명 吉世東) 신학교 철학 교수 신부 등 4명이 체

---

148 박영구, 『북한에서의 시련: 죽음의 수용소에서 돌아온 독일인 선교사들의 육성증언』 (칠곡군: 분도, 1997), pp. 67-69.

149 위의 책, pp. 67-69.

포되어 '평양 인민 교화소'에 투옥되었다.[150] 10일에는 독일인 신부 8명, 수사 22명과 한국인 신부인 김치호(金致鎬), 김종수(金宗洙), 김이식(金利植), 최병권(崔丙權) 4명을 체포하는 한편, 한국인 수사 23명과 신학생 76명을 합친 99명을 추방하고 수도원과 신학교를 몰수하였다.[151] 결국 덕원 수도원과 신학교는 22년간 함경도 지역뿐 아니라 북한 지역의 전교 활동과 신학생들 교육 활동을 해오다 폐쇄되기에 이른 것이다.[152] 덕원 수도원과 신학교 폐쇄는 함경도 지역 가톨릭교회 활동에 직접 피해를 주어 북한 지역 가톨릭 세력을 약화시켰다.

2.2 함흥교구 박해

덕원 수도원 신부와 수사들이 체포될 시기에 함경도 지역에 있는 원산, 고원, 함흥, 흥남, 영흥 지역 본당 신부들과 수녀들도 체포되기 시작하였다. 이 지역에서 잡혀간 이들은 원산 본당의 파비

---

150 한국교회사연구소 편, 『함경도가톨릭교회사』, p. 382.
151 한국교회사연구소 편, 『함경도가톨릭교회사』, p. 383. 수도원과 신학교에서 추방된 한국인 수사들과 신학생들은 각자 집으로 흩어졌다. 하지만 덕원에서 추방된 대부분의 신학생들은 38선을 넘어 서울 혜화동에 있는 신학교에서 나머지 신학 공부를 마치고 사제가 되었다.
152 그 후 북한 정부는 덕원 수도원을 원산 농업대학으로 전용하였다.

안 담(Fabian Damn, 한국명 卓世榮) 신부와 구대준(具大俊) 신부, 원산 수녀원 지도 신부인 갈리스도 히머(C. Hiemer, 한국명 任竭忠) 신부, 원산 보좌인 플라치도 노이기르그(Placidus, 한국명 兪順和) 신부, 파스칼 판가우어 수사, 고원 본당의 요셉 젱글라인(J. Zenglein, 한국명 宋萬協) 신부, 영흥 본당의 그레고리오 스테거(Gregorio Steger, 한국명 全五範) 신부, 함흥 본당의 엘리지오 콜러(Eligius Kohler, 한국명 景道範) 신부 등이었다.[153]

툿찡 포교 베네딕도 수녀회는 1925년 원산에 진출하여 본당 전교, 교육 활동 그리고 시약소를 운영하고 있었다. 1949년 1월 초 공산당원들은 시약소에 출입하면서 약과 약 재료와 시설들을 점검하는 등 진료를 방해하기 시작하였다. 결국 1949년 2월 25일 원산시 인민위원회는 시약소를 맡고 있던 프록투오사 수녀에게 시약소 폐쇄 통고서를 보냈다. 수녀회는 어쩔 수 없이 시약소를 폐쇄당하고 말았다. 북한 당국은 시약소 건물을 몰수하여 소련 여군 기숙사로 사용하였다.[154]

북한 당국의 원산 툿찡 포교 베네딕도 수녀회에 대한 탄압은 1949년 5월 본격적으로 실행되었다. 보위부원들이 5월 10일 밤 11시에 수녀원에 침입하여 외국인 수녀 12명을 체포해 갔다. 다

---

153 한국교회사연구소 편, 『함경도가톨릭교회사』, p. 383.
154 포교 베네딕토 수녀회, 『원산 수녀원사』(대구: 포교베네딕토 수녀회, 1987), p. 260.

음날 그들은 새벽에 다시 수녀원에 와 나머지 한국인 수녀 18명을 체포해 갔다.[155] 그리고 각 분원에서 활동하던 수녀들도 차례로 체포하고 분원은 폐쇄되었다. 한국인 수녀들은 원산 임시 교화소에 구금되어 있다가 16일 풀려났다. 하지만 외국인 수녀들은 함께 체포된 신부들과 함께 '평양인민교화소'에 구금되었다.

이때 잡혀간 신부와 수녀들은 모두 67명이었는데 이중에는 외국인 수녀 20여 명이 포함돼 있었다. 이들은 1949년 6월 24일 다시 '옥사독 강제 수용소'로 이송되었고, 다시 '만포 수용소'로 이송되는 등 4년 동안 한국 전쟁 중에 '죽음의 행진'이라는 힘겨운 생활 속에 25명이 희생되었다. 그 결과 42명의 생존자만이 본국으로 송환되었다.[156] 북한 당국은 원산 수녀원을 병원으로, 해성학교는 소련군 자녀 교육시설로 전용하였다.[157] 북한 당국은 이 시기에 함흥교구 대부분의 성직자, 수도자들을 체포 구금하였다.

한국 전쟁이 일어나기 전까지 청진의 이재철((李載喆, 베드로) 신부와 강원도 김봉식((金鳳植, 마오로) 신부 두 명만이 본당 활동을 계속

---

155 포교 베네딕토 수녀회, 위의 책, pp. 268-275.

156 한국교회사연구소 편, 『함경도가톨릭교회사』, p. 392. '옥사독 수용소'는 자강도 전천군 별하면 쌍방리에 위치하고 있었는데, '옥사독'이란 이름은 공식 지명이 아니라 서양인 성직자, 수도자들이 붙인 것이다. 같은 책, p. 392.

157 김창문 · 정재선, 『韓國 가톨릭: 어제와 오늘』, pp. 312-313.

하고 있었다.[158] 하지만 전쟁이 일어나자 이들마저도 체포되었다.

2.3 홍용호 주교 피랍과 평양교구 박해

평양교구는 1947년 중반까지 북한 당국과 큰 마찰 없이 교세를 상당한 정도로 넓혔다. 또한 1946년 초부터 1949년 초까지 일제에 몰수당했던 관후리성당을 되찾아 신축 공사를 전개하기도 하였다. 평양교구는 비교적 다른 지역보다 늦게 박해를 받았다. 그 이유는 해방 전 일제에 의해 미국 메리놀 외방전교회 선교사들이 추방당하고 한국인 성직자들이 활동하고 있었기 때문이다. 한국인 성직자들은 일제하 친일 행위에 대한 책임으로부터 자유로웠다. 그리고 그들은 북한 당국의 정책에 대해 정치적 중립을 유지하고 있었다.

그러나 1948년 12월에 접어들어 북한 당국은 당시 신축 중인 관후리성당을 평양인민위원회에 양도하라는 명령과 함께 평양교구를 탄압하기 시작하였다. 이 명령서를 받은 평양교구장 홍용호(프란치스코) 주교는 김일성에게 성당을 위원회에 양도하라는 명령은 부당하다는 내용의 서한을 보냈다.[159] 이후 대성당 양도 문

---

158 위의 책, p. 313.
159 서한 내용: 1. 시 위원장의 요구는 '북한 인민 공화국'의 요구인가? 시 위원장 개인의

제는 보류되었고 건축을 계속 할 수 있었다. 하지만 홍 주교는 이미 '기독교도련맹' 가입 요청을 거절한 바 있었고 또 다시 당국의 명령서에 강하게 반발함으로써 미움을 받게 되었다.

그는 덕원 수도원 사건과 함흥교구의 성직자 수도자들이 체포되고 성당이 폐쇄되는 사건이 발생하자 즉시 북한 당국에 항의문을 전달하였다.[160] 소극적이고 간접적으로 공산 정권에 저항하던 그가 이 시기에 적극적이고 공개적으로 북한 공산 정권에 저항하기 시작한 것이다. 그 결과 그는 1949년 5월 14일 서포에 있는 '영원한 도움의 성모 수녀회'를 방문하던 중 그를 수행하던 두 소년과 함께 연행되어 행방불명이 되었다. 그 후 얼마 지나지 않아 평양인민교화소의 한 직원이 홍 주교가 평양인민교화소 특별정치범 감방에 수감되었다는 사실을 확인해 주었다. 하지만 그는

계회인가? 2. 대성당을 내놓으라는 것은 헌법에 규정된 종교 자유를 침범하는 것이다. 3. 이 성당은 3만 신자들의 소유이다. 주교나 어떤 개인이든 간에 양도할 하등의 권한을 가지지 못했으니 이 이상 괴롭히기를 중지하라. 4. 강세로 몰수하려면 우리는 소련 정부를 통해서 로마 교황청으로 보고할 것이며 국제적 판결을 요구할 것이다. 가톨릭평양교구사편찬위원회, 『가톨릭평양교구사』, p. 202.

160 항의문 내용: 1. 한국에서 40년 간 농업, 교육, 과학, 문화 등에 허다히 공헌한 선교사를 불법 체포할 수 없다. 2. 교회를 폐쇄한 것은 확실히 종교 박해로서 북조선 정권 헌법에 위배된다. ('북한의 헌법'에는 허울 좋게도 인민의 정당한 권리와 종교 자유 보장이 성문화 되어 있다.) 3. 교회와 개인과는 전연 구분되어 있는 것으로 일개인의 범죄로 교회를 폐쇄함은 상식적으로라도 허용 수 없다. 4. 체포된 전원을 즉시 무조건 석방할 것과 교회를 즉시 개방하라. 가톨릭평양교구사편찬위원회, 『가톨릭평양교구사』, p. 210.

1950년 10월 평양 탈환 직전 다른 죄수들과 함께 북쪽으로 이송되어 생사를 알 수 없게 되었다.[161]

1950년 5월 4일 북한 당국은 서포 영원한 도움의 성모 수녀회 본원 건물을 양도하라고 통보하였다.[162] 5월 13일 장정온(張貞溫, 아니다) 원장 수녀는 마침내 수녀회의 임시 해산을 결정하고 수녀들을 각자의 집으로 돌려보냈다. 그리고 이틀 후 북한 당국은 수녀원을 몰수했는데, 수녀원 건물은 한국 전쟁 때 병원으로 사용되었다. 장정온 수녀는 신자들 집에 숨어 있다가 1950년 10월 4일 인민군에게 끌려가 행방불명되었다.[163]

3. 한국 전쟁과 가톨릭교회

북한 가톨릭교회가 본격적인 탄압 국면에 처하고, 이에 반발

---

161 변진흥, "윤공희 대주교가 증언하는 홍용호 주교 피랍사건," 북한연구소, 『북한』5월호, (서울: 북한연구소, 1984), p. 172 참조. 윤공희 대주교는 1949년 덕원 수도원 사건 발생 당시 덕원신학교 신학생이었다. 그는 1950년 1월 월남하여 3월 사제서품을 받았다. 그는 평양이 수복되었을 때 종군 사제로 평양에 들어가 사목 활동을 하였다.

162 영원한 도움의 성모수녀회 50년사 편찬위원회, 『영원한 도움의 성모수녀회 50년사』, p. 114 참조. 장정온(아니다) 수녀는 장면 박사의 여동생이었다. 당시 장면 박사는 주미 대사로 있으면서 1949년 7월 북한의 총선거 제안에 반박 성명을 발표하였다. 그 후부터 장정온 수녀는 더 심한 감시를 받게 되었다. 같은 책, p. 119 참조.

163 위의 책, p. 127 참조.

하는 남한 가톨릭교회가 강력하게 반공주의를 내세우는 가운데 1950년 6월 25일 한국 전쟁이 발발하였다. 앞서 언급하였듯이 북한 당국은 정권 수립 후 전쟁이 일어나기 전까지 종교를 탄압하고 성직자들과 수도자들을 감금하였다. 북한 당국은 한국 전쟁이 일어나기 전 반정부적 종교인들에 대해 간첩죄를 적용하여 연행하였다.

신평길은 "북한 당국이 두 차례 회의에서 한국 전쟁이 일어났을 때 후방 안전을 위해 불순 반동자 색출 및 제거 대책을 집중 토의하고, 반동 불순분자 색출 대상에 종교인을 포함시켜 평소 반공 반정부 성향을 가진 종교 지도자들과 일반 신자들에 대한 대대적인 예비 검거령을 내렸다."고 증언하였다.[164] 그는 "전쟁이 일어나기 바로 전에 북한 정권은 그들을 체포, 투옥하는 한편, 일부 개신교 예배당과 가톨릭 성당을 폐쇄하였으며, 이때 검거된 종교 지도자들과 신자들은 2만 5천여 명에 달했고, 270여 개의 예배당과 성당이 폐쇄 조치되었다."고 증언하였다.[165]

실제로 가톨릭 성직자들과 수도자들은 이 시기에 모두 체포 감금되었다. 왜냐하면 당시 남한 가톨릭교회는 친미 성향을 띠고 북

---

164 신평길, "노동당의 반종교 정책 전개과정," 『북한』통권 제283호(1995. 7), pp. 55-56. 신평길에 의하면 1950년 4월 22일과 5월 15일에 있었던 각 내무부장회의에서 종교인들에 대한 검거가 결의되었다. 신평길은 전 조선로동당 간부였다.

165 신평길, 위의 글, p. 56.

한 공산당 정권을 강하게 비판하고 있었으며, 북한 가톨릭교회는 공산당 정부에 비협조적이었기 때문이다. 북한 정권 입장에서 친미적이고 반공주의를 표방하는 가톨릭교회의 지도자들은 전쟁 시 저항할 수 있는 잠정적인 위험 요소였을 것이다.

3.1 한국 전쟁 시 가톨릭교회의 피해

가. 북한 지역 가톨릭교회의 피해

한국 전쟁이 일어나기 전 북한에 남아 있던 한국인 신부는 평양교구 소속 5명,[166] 함흥·덕원교구 소속 3명,[167] 황해도 38선 이북 지역 서울교구 소속 13명,[168] 춘천교구 평강 본당 이광재 신부를

---

166 평양교구 소속 사제들 중 6월 24일 강영걸(康永杰, 바오로) 신부와 이경호(李京鎬, 안셀모) 신부, 6월 25일 조문국(趙文國, 바오로) 신부, 김교명(金敎明, 베네딕도) 신부, 6월 27일 김동철(金東哲, 마르코) 신부가 각각 강제로 연행되었다. 가톨릭평양교구사편찬위원회, 『가톨릭평양교구사』, pp. 232-233.

167 함흥·덕원교구에서 6월 24일 김봉식 신부, 청진의 이재철 신부, 이춘근(李春根, 라우렌시오) 신부가 연행되었다. 한국교회사연구소 편, 『함경도가톨릭교회사』, p. 391.

168 6월 24일 은율 본당 윤의병(尹義炳, 바오로) 신부, 장련 본당 신윤철(申允鐵, 베드로) 신부, 안악 본당 김경민(金景旻, 루도비코) 신부, 6월 25일 송림 본당 유재옥(劉載玉, 프란치스코) 신부, 7월 5일 청봉 본당 이순성(李順成, 안드레아) 신부, 7월 17일 매화동 본당 이여구(李汝球, 마티아) 신부, 10월 5일 재령 본당 양덕환(梁德煥, 안드레아) 신부, 10월 6일 송화 본당 서기창(徐起昌, 프란치스코) 신부, 10월 12일 사리원 본당 전덕표(全德杓, 안드레아) 보좌신부가 각각 강제 연행되었다. 임충신(林忠信, 마티아), 박우철(朴遇哲, 바오로), 김충무(金忠武, 클레멘스), 강주희(姜周熙, 방그라시오) 신부 4명은 1·4 후퇴 직전에 월남하였다. 한국교회사연구소 편, 『황해도가톨릭교회사』, pp. 141-147.

포함 모두 21명이었다. 그들 가운데 황해도 지역의 임충신, 박우철, 김충무, 강주희 4명의 신부들을 제외하고는 6월 25일 전쟁 직후 "미국의 첩자들이라는 죄명"으로 모두 체포되었다.[169] 남아 있던 4명의 신부들은 모두 숨어 지내다 1·4 후퇴 직전에 월남하였다.[170]

한국 전쟁 시 북한 가톨릭교회 사제들은 신자들과 함께 하겠다는 마음으로 끝까지 피난을 가지 않고 있었기 때문에 피해가 컸다. 특히 황해도 지역 사제들의 피해가 가장 컸다. 그 이유는 당시 황해도는 서울교구 관할이었는데 각 본당 신부들은 본당에 남아 신자들과 함께 하라는 교구 방침이 내려졌기 때문이다.[171]

북한 지역에서 강제로 연행된 사제들은 죽임을 당하거나 행방불명되었다. 그래서 북한에는 활동할 수 있는 단 한 명의 성직자도 남아 있지 않았다. 이에 신자들도 성사 생활을 할 수 없었다. 성직자들 외에도 함흥교구 소속 신학생 김상진(金相振, 토마스)과 양기욱(梁基郁, 프라치도)이 1950년 7월과 8월에 각각 행방불명되었다.[172]

---

169 김창문·정재선, 『韓國 가톨릭: 어제와 오늘』, pp. 274-275.

170 윤선자, "한국 전쟁과 교회의 피해," p. 158.

171 이 내용은 남한 가톨릭교회 피해를 다루면서 더 자세하게 후설 될 것이다.

172 김창문·정재선, 『韓國 가톨릭: 어제와 오늘』, p. 318.

⟨표 1⟩ 1950년 6월 24일과 이후 북한에서 체포된 신부들과 그 후의 행적

교구	사망	행방불명	계
평양교구	이경호	강영걸, 조문국, 김동철	4
함흥·덕원면속구	김봉식	이재철, 이춘근	3
춘천교구	이광재	김교명	2
서울교구(황해도)	김경민, 유재옥, 서기창, 전덕표	신윤철, 윤의병, 이순성, 이여구, 양덕환	9
계	7	11	18

출처: 윤선자, "한국 전쟁과 교회의 피해," 한국사목연구소, 『한국 가톨릭교회사의 성찰과 전망』(서울: 한국가톨릭중앙협의회, 2001), p. 157; 『함경도가톨릭교회사』, p. 391; 『가톨릭평양교구사』, pp. 232~33; 『황해도가톨릭교회사』, pp. 141~47.

    피난을 가지 못한 수도자들과 신자들은 체포되어 포로가 되거나 죽임을 당했다. 수녀들도 수난을 당했다. 1950년 10월 15일 좌익 세력에 의해 황해도 매화동 본당에서 활동하던 샬트르 성 바오로 수녀회 소속 김정자(金貞子, 안젤라) 수녀와 김정숙(金貞淑, 마리안나) 수녀가 죽임을 당하고, 강양자(姜良子, 마리 레지스) 수녀는 기적적으로 살 수 있었다.[173] 툿찡 포교 베네딕토 수녀회 소속 장 아가다 수녀는 1950년 6월 25일 연행되어 9월 10일경 피살되었다. 신자들이 함흥 형무소 내 우물에서 시신을 발견하여 함흥 본당 뒤뜰에 매장하였다.[174] 같은 수도회 소속 박빈숙((朴淋淑, 루시아) 수

---

173 한국교회사연구소 편, 『황해도가톨릭교회사』, p. 141.
174 김창문·정재선, 『韓國 가톨릭: 어제와 오늘』, pp. 320, 332.

녀는 원산 수녀원이 해산된 후 본가에 있다 1950년 9월 25일 정치 보위부 간부인 6촌의 밀고로 잡혀가 10월 11일경 죽임을 당했다.[175] 영원한 도움의 성모수녀회는 원장 장정온 수녀의 결정으로 수녀원을 임시 해산하고, 수녀들을 본가나 친척집에 피신시켰다.

수녀들 중에 서원석(徐元錫, 요셉) 수녀는 1950년 10월 8일 내무서에 연행되어 간 아버지와 동생을 찾으러 나갔다 행방불명되었다.[176] 영원한 도움의 성모수녀회 수녀들은 서원 수녀 17명과 수련자 3명이 월남하여 다시 수도원을 재건하였고, 2명은 납치되어 행방을 알 수 없는데 10명의 수녀들이 피난을 가지 못하고 북한에 남았다.[177] 북한 지역 수도자들은 앞서 언급하였듯이 한국 전쟁 전에 이미 연행되거나 강제 해산되어 집으로 돌아갔기 때문에 정확한 피해 상황을 알 수 없다.

이 시기에 북한 지역에 남아 있던 신자들의 피해도 컸다. 특히 성직자 가족들과 전쟁 전 반공을 강하게 주장하던 이들이 죽임을 당했다. 성직자 가족 중에 10월 17일 장연 본당 강주희 신부의

---

175 포교 베네딕토 수녀회, 『원산 수녀원사』(대구: 포교 베네딕토 수녀회, 1987), pp. 433-434.

176 영원한 도움의 성모수녀회 50년사 편찬위원회, 『영원한 도움의 성모수녀회 50년사』, pp. 482-484.

177 위의책, pp. 140-141.

가족들이 죽임을 당했다.[178] 황해도 매화동 본당의 경우는 1950년 10월 15일, 김정자, 김정숙 수녀들과 함께 50~60명의 신자들이 살해당했다.[179] 또한 1950년 11월 미군 보병 3사단 군종 사제로 함흥 일대에 파병됐던 레오나드 스테그만(Leonard Stegman) 신부는 "그해 12월 4일 함흥시 흥남구역 마전리를 지나던 중 그 마을에서 한 청년을 우연히 만나 2년간 성사를 보지 못한 주민 250여 명에게 성사를 베풀고 미사를 집전했으나 중공군 개입으로 미군이 후퇴하면서 현지 주민들은 이틀 뒤 적에게 모두 학살당했다."고 증언하였다.[180]

북한 가톨릭교회는 인적 피해뿐만 아니라 물적 피해도 컸다. 북한 가톨릭교회의 물적 피해는 전쟁 전부터 북한 당국에 의해 폐쇄되거나 몰수당하면서 진행되어 왔다. 하지만 당시 건물은 그대로 남아 있었다. 실질적인 피해는 전쟁이 발발하고 휴전 협정이 맺어지기 전까지 연합군의 무차별한 폭격에 의해 파괴되고 소실되었다. 성당 건물 중에 소실되지 않은 건물은 다른 용도로 전용되었

---

178 한국교회사연구소 편, 『황해도가톨릭교회사』, p. 238.
179 한국 샬트르 성 바오로 수녀회, 『한국 샬트르 성 바오로 수녀회 100년사』, p. 445. 북한 가톨릭교회가 당한 정확한 인적 피해는 정확한 자료가 남아 있지 않아 파악하기 어렵다.
180 "1·4후퇴 직전 흥남에서 250여 명 순교," 『평화신문』, 2004년 9월 26일 기사, 1면.

으므로 성당 시설의 완전 손실이라 해야 할 것이다.[181]

나. 남한 지역 가톨릭교회의 피해

한국 전쟁이 일어나고 남한 가톨릭교회의 피해 범위나 규모는 북쪽 지역보다 더 넓고 컸다. 피해는 북한군이 점령하지 못한 대구교구 지역을 제외하고 전국적으로 발생하였다. 당시 남한 가톨릭교회는 서울교구, 대구교구, 춘천교구, 광주교구, 전주교구가 설립되어 있었고 대전 독립 선교 지역으로 나뉘어 있었다.

북한과 인접한 춘천교구와 서울교구가 가장 먼저 그리고 크게 피해를 입었다. 서울교구는 전쟁이 발발하자 이튿날 26일 긴급 교구 평의회를 열고 "첫째, 공산주의자들에게 사형 선고를 받은 것과 다름없는 신부들은 즉각 남쪽으로 피난할 것. 둘째, 시내 각 본당 신부들은 남아 있어 신자들과 생사를 함께 할 것. 셋째, 신학교는 휴교하고 학생들은 귀가시킬 것. 넷째, 사목을 맡은 신부와 보좌신부들은 될 수 있는 대로 피난길을 권유할 것." 등을 결정하였다.[182] 이러한 교구의 결정 사항은 서울 시내 각 본당, 수녀원, 신학교에 전달되었다.

---

181 윤선자, "한국 전쟁과 교회의 피해," p. 174 참조. 교회 건물이 남아 있다 하더라도 사용할 수 있는 성직자들이나 수도자들 그리고 신자들이 없었기 때문에 무용지물이었을 것이다.

182 장금구, "6·25 사변 체험기(1)," 『교회와 역사 8』(서울: 한국교회사 연구소, 1976), p. 2.

이 결정은 대체로 준수되었고 본당을 담당하던 신부들은 피난을 가지 않고 신자들과 운명을 같이 하기로 결정하였다. 그 때문에 서울교구에서는 본당의 정상적인 기능도 꽤 오랫동안 계속 될 수 있었다.[183] 하지만 성직자들이 계속 본당에 남아 있었기 때문에 희생이 클 수밖에 없었다. 1950년 7월 3일 서울 도림동 본당의 이현종 보좌신부가 북한군에게 총살당하여 38선 이남 서울교구 성직자로는 첫 희생자가 되었다.

　교황대사 번 주교는 전쟁이 일어났다는 소식을 듣고 전쟁이 곧 끝날 거라고 낙관하였지만 북한군이 빠르게 남진하고 있다는 소식을 듣고 외국인 신부들과 수도자들에게 피난을 가도록 명령하였다.[184] 그러나 그는 피난을 가지 않고 있다 7월 11일 그의 비서 부스(William Booth) 신부와 함께 연행되었고 미국인이라는 이유로 혹독하게 심문을 받았으며 약식으로 인민 재판을 받고 사형 선고를 받았다.[185] 그는 다른 수감자들과 함께 평양으로 이송되었다. 서울교구 평신도들에 대한 피해는 명동성당 회장 5명이 북한군에 희생당한 것 외에는 정확한 조사가 이루어지지 않았지만 서울교

183　윤선자, "한국 전쟁과 교회의 피해," p. 159.

184　최선혜, "한국 전쟁기 가톨릭교회와 공산 정권: 초대 주한 교황사절 번 주교(Bishop Byrne)를 중심으로," 『교회사 연구』 제44집(서울: 한국교회사연구소, 2014), p. 371.

185　앞에서 살펴 보았듯이 번 주교가 강력하게 반공주의를 표방하고 남한 단독 정부를 수립하는데 노력했던 것들이 북한 당국의 표적이 되었던 것 같다.

구는 북한과 가까운 곳에 위치하고 있었기에 많은 신자가 피해를 보았을 것이다.

춘천교구는 대부분 성 골롬반 외방선교회 신부들이 활동하고 있었는데 그들도 피난을 가지 않고 잔류하였다. 결국 1950년 6월 25일 레일리(Reilly, 한국명 羅) 신부가 총살당하고 27일에는 콜리어(Collier, 한국명 高) 신부가 총살당하였다.[186] 7월 2일 퀸란(Thomas Quinlan, 한국명 具仁蘭) 교구장을 비롯해서 캐버넌(Canavan, 한국명 孫) 신부와 크로스비(P. Crosbie, 한국명 趙) 신부가 체포되었고 매긴(Maginn) 신부가 피살되었다.[187] 이들 중에 퀸란 교구장과 크로스비 신부 두 명은 '죽음의 행진'이라 불리는 포로 생활을 겪고 고국으로 돌아갈 수 있었다. 춘천교구 평신도들의 피해는 자료 부족으로 알 수 없지만 그 피해 역시 앞의 사례들로 볼 때 심했을 것으로 추정된다.

남한 가톨릭교회의 피해는 광주교구와 전주교구에서도 심각하였다. 성 골롬반 외방선교회 선교사들이 활동하던 광주교구에서는 브렌난(Patrick T. Brennan, 한국명 安) 교구장과 쿠삭(Thomas Cusack, 한국명 高) 신부, 오브라이언(James O'Brien, 한국명 吳) 신부가 체포되었다. 그들은 대전 목동으로 이송되어 9월 24일 북한군

---

186 윤선자, "한국 전쟁과 교회의 피해," p. 160.
187 위의 책 p. 160.

이 후퇴할 당시 죽임을 당한 것으로 추정된다. 9월 25일 광주교구 신학생 고광규와 전기수가 체포되어 살해되었다.[188]

전주교구에서는 교구장 김현배 주교를 비롯 6명이 체포되어 고문을 당했지만 모두 풀려났다. 하지만 세 명의 신자들이 북한군에게 죽임을 당하고 70명의 신자들이 북한군이 물러간 후 지방의 적색분자들에게 희생되었다.[189] 70명으로 알려졌지만 실제로는 더 많은 신자가 죽임을 당했을 것이다.[190]

한국 전쟁으로 남한 가톨릭교회의 물적 손실도 컸다. 특히 남한 지역 가톨릭교회의 피해는 낙동강 전선을 축으로 한 격전지 인근 지대가 가장 심하였는데 이 지역은 대부분 대구교구 관할이었다. 경상도의 31개 본당 중 21개 본당의 관할 지역이 공산군에게 점령당하였고, 이 가운데 교전으로 11개 본당이 파괴 또는 손실되었다.[191] 남한 지역에서 전쟁으로 성당 27개, 공소 3개, 사제관 2개,

---

188 김진소, 『가톨릭 전주교구사』(서울: 빅벨, 1998), pp. 1004-1005.

189 위의 책, pp. 1003-1029.

190 한국 전쟁 시 북한군과 빨치산뿐만 아니라 국군과 유엔군에 의해서도 양민 학살이 심했다. 결국 가톨릭교회 신자들은 북한군과 빨치산뿐만 아니라 국군이나 경찰에 의해 살해당한 사례가 있었다. 특히 공비 토벌 작전 중에 이러한 사례가 벌어졌다.

191 강인철, "한국 전쟁과 한국 가톨릭교회," 최석우 신부 수품 50주년 기념 사업위원회, 『민족사와 교회』(서울: 한국교회사연구소, 2000), p. 633.

학교 3개, 수녀원 1개가 손실되었다.[192]

　전쟁 기간 동안 남한 가톨릭교회는 많은 인적, 물적 피해를 보았다. 많은 신자가 죽임을 당하였고 체포된 성직자들과 수도자들은 죽임을 당하거나 북으로 끌려갔다. 남한 가톨릭교회가 직접적으로 경험한 북한 공산당의 가톨릭교회에 대한 박해는 반공 이데올로기를 강화하는데 결정적인 역할을 하였다. 한국 전쟁의 경험은 남한 가톨릭교회의 북한 정부와 북한 가톨릭교회에 대한 인식에도 영향을 주었다.

다. 죽음의 행진과 생환

　북한과 남한 지역에서 연행된 포로들은 1950년 9월 유엔군이 북진함에 따라 압록강을 향하여 북으로 이동하게 되었다. 포로들은 지속된 이 이동을 '죽음의 행진'(Death March, March Till they Die)이라고 불렀다. 죽음의 행진은 남한에서 끌려간 포로들과 북한에서 연행되어간 포로들을 구분하여 두 갈래로 나뉘어 진행되었다.

　교황대사 번 주교를 비롯하여 남한에서 체포 투옥된 성직자, 수도자들은 그해 9월까지 평양에 수감되어 조사를 받았다. 그들 중에는 주교들뿐만 아니라 고위성직자들, 고령의 수도자들과 수녀들이 있었다. 남한에서 끌려간 성직자, 수도자들은 9월 6일부터

---

[192] 윤선자, "한국 전쟁과 교회의 피해," p. 175.

10월 8일 만포 수용소에 머물다 10월 8일부터 10월 31일까지 고산과 초산에 머물렀다. 그리고 10월 31일부터 8일 간 중강진을 향하여 250킬로가 넘는 산길을 행진하였다.[193] 이 행진으로 많은 사람이 죽었다. 그리고 그들은 11월 17일에 하창리 수용소에 도착하여 1951년 3월 30일까지 이곳에 수용되었다.

이들은 1950년 9월부터 1951년 3월까지 평양-만포-중강진-하창리 수용소에 이르는 길을 걸어서 행군하였다.[194] 그들은 심한 학대와 노동, 고문, 기아와 혹한의 고통을 겪으며 죽음의 행군을 하였다. 그들은 압록강 벽지에 이르렀고, 많은 성직자와 수도자들이 기아, 혹한의 고통과 질병으로 죽어갔다.[195] 번 주교는 1950년 11월 25일 추위와 병으로 건강 상태가 악화되어 죽음을 맞이하였다.[196] 그들은 다시 중강진으로 와 1951년 10월 8일까지 머물다가 다시 만포-후창-평양으로 이동하면서 생환되기 전 1953년 3월 27일부터 4월 17일까지 마지막 20일은 평양에서 지냈다.[197] 마침

---

193 김창문 · 정재선, 『韓國 가톨릭: 어제와 오늘』, p. 522.
194 최선혜, "한국 전쟁기 가톨릭교회와 공산 정권: 초대 주한 교황사절 번 주교(Bishop Byrne)를 중심으로," p. 373.
195 셀레스텡 고요스, 조안나 · 이혜자 공역, 『나의 北韓捕虜記: 죽음의 행진에서 아버지의 집으로』(왜관: 분도, 1983), p. 77.
196 김창문 · 정재선, 『韓國 가톨릭: 어제와 오늘』, p. 525.
197 1951년 1월 11일부터 1952년 8월 12일까지 만포에서 체재, 8월 12일부터 1953년 3

내 그들은 4월 17일 고국으로 돌아갈 수 있었다.[198]

북한 지역에서 체포된 성직자들과 수도자들은 '평양 인민 교화소'에 갇혀 있다 1949년 8월 이후 '옥사독 수용소'로 옮겨졌다.[199] 이곳에 수용된 인원은 총 59명(신부 17명, 수사 22명, 수녀 20명)이었고 모두 외국인이었다.[200] 그들은 이곳에서 1950년 10월 23일까지 머무르면서 혹한과 강도 높은 노동에 시달려야했다. 결국 이 기간 동안 6명이 건강 악화로 목숨을 잃었다. 감금되어 있던 성직자, 수도자들은 1950년 10월 23일부터 만포 수용소를 거쳐 11월 12일에는 만포에서 관문리 수용소로 이송되었다가 1951년 1월 16일 다시 옥사독 수용소로 이송되었다.[201] 그들은 수용소에서 계속 심한 노동에 시달렸다. 결국 이 기간 동안 모두 17명이 사망하

월 27일까지 후창에서 체재, 마지막에 체재한 곳은 평양이었다. 김창문·정재선,『韓國 가톨릭: 어제와 오늘』, pp. 497-505.

198 1951년 7월 유엔군과 북한군은 휴전을 위한 교섭을 시작하였는데 7월 10일에 포로 교환 문제에 대해서 논의를 시작하였다. 가톨릭교회는 메리놀 외방전교회 캐롤(George Carroll, 安) 몬시뇰을 중심으로 실종 성직자의 행방을 수소문하기 위한 적극적인 노력을 전개하였다.

199 '옥사독 수용소'는 자강도 전천군 별하면 쌍방리에 위치하고 있었는데, '옥사독'이란 이름은 공식 지명이 아니라 서양인 성직자, 수도자들이 붙인 것이다. 한국교회사연구소 편,『함경도가톨릭교회사』, p. 392.

200 위의 책, p. 395.

201 한국교회사연구소 편,『함경도가톨릭교회사』, pp. 397-398. 그들은 여기서 3년을 지내다가 1954년 1월에 생환하였다.

였다. 남아있는 이들은 1953년 11월 20일 평양으로 이송되어 송환 준비를 하고 있었다. 결국 1954년 1월 24일 42명 만이 죽음의 행진에서 살아 돌아올 수 있었다.[202]

이 때 한국인 52명, 미국인 4명, 프랑스인 15명, 독일인 66명, 오스트리아인 1명, 벨기에인 5명, 네델란드인 6명, 호주인 1명 등 모두 150여 명이 처형 또는 옥사한 것으로 집계된다.[203] 이들 중에 평신도들은 포함되어 있지 않다. 정확한 집계가 되지 않았기 때문이다.

3.2 가톨릭교회의 대응

앞에서 살펴보았듯이 한국 전쟁 전과 전쟁 기간 동안 성직자, 수도자들과 북한 정권에 저항하고 반발했던 신자들이 감금 또는 죽임을 당하였다. 이런 가운데 전쟁 기간 동안 황해도 장련 본당 청년 신자들은 '가톨릭 십자군 유격대'를 조직하여 무력으로 공산군들에게 저항하였다. 그들은 전쟁이 일어나기 2개월 전 장련 본당 신윤철(申允鐵, 베드로) 주임 신부 권유로 징집을 피해 구월산에 피신해 있었다. 6월 24일 본당 신자들로부터 신윤철 신부가 체포되었다는 소식을 듣고 스스로 유격대를 조직하여 적극적으로 무

---

202 김창문 · 정재선, 『韓國 가톨릭: 어제와 오늘』, p. 444.
203 고태우, 『북한의 종교 정책』, p. 113.

력 항쟁을 시작하였다.

유격대는 1950년 9월 말경 20명의 가톨릭 청년들을 포함하여 약 120명의 부대원을 확보하면서 유격 활동을 벌여, 유엔군 입성 전인 10월 17일 장련읍 전역을 장악하기도 하였다.[204]

이후 신자들로 치안서장, 면장 등을 선출한 후 치안과 행정을 펴나가는 한편, 북으로 탈출하는 노동당과 각급 기관 간부 및 공산당원 2천여 명을 체포하였다. 하지만 가톨릭 신자들은 그들을 한 사람도 처형하지 않고 그들의 출신 지역 치안대에 보냈다.[205]

가톨릭 신자들은 1950년 12월 16일까지 치안과 행정 활동을 지속하다 대한민국 국군 장교가 지휘하는 연풍부대(連豐部隊)에 흡수 편입되어 구월산 일대에서 유격 투쟁을 계속하였다.[206]

한국 전쟁이 일어나자 남한 가톨릭교회는 인간 존엄성과 교회 수호를 기치로 내세우면서 전쟁에 적극 참여하였다. 부산 범어동 성당에서 젊은 신부들과 신학생 그리고 신자 등 청년 3천명을 규합하여 '가톨릭 청년 결사대'를 조직하려 추진하였다. 하지만 무기 공급의 어려움으로 무산되자 그들은 후방에서 피난민과 극

---

204 한국교회사연구소 편, 『황해도가톨릭교회사』, pp. 508-509.

205 위의 책, p. 509.

206 구월산 유격대 가톨릭 신자 인원은 사망자가 13명, 생존자가 34명 모두 47명이었다.
한국교회사연구소 편, 『황해도가톨릭교회사』, p. 510.

빈자 구호 사업과 전쟁 고아 보호 등 사회 복지 사업에 헌신하였다.[207] 9월 12일 신학생들은 부산에 있는 육군 본부를 찾아가 자원 입대하여 인사과에 배치되어 군복무를 하였다.[208] 이 시기에 군종 제도가 도입되어 사제들이 입대를 하여 군인들을 돌보는 사목이 시작되었다.

3.3 한국 전쟁 후 북한 가톨릭교회

한국 전쟁이 끝나고 북한 가톨릭교회는 성직자들이 모두 사라지고 교계 제도가 완전히 무너진 가운데 여러 가지 난관에 봉착하면서 성격 자체가 변화하였다. 전쟁으로 파괴된 국토 재건과 반미 반제국주의와 연결시킨 반종교 교육 그리고 성직자, 수도자를 잃어버리고 신앙생활을 할 수 없는 상황이 전개되어 교회의 존재 근거 자체가 무너져 버린 것이다.

북한은 전쟁 후 폐허가 되어 버린 국토를 재건해야 하는 어려움에 놓여 있었다. 전쟁 기간 동안 미군 폭격으로 북한의 주요 도시 대부분이 잿더미가 되었다. 공장, 학교, 가옥, 병원 그리고 교회 등

---

207 중앙성당 50년사 주교좌 중앙성당 오십년사, 『중앙 성당 오십년사』(부산: 가톨릭 부산 교구 주교좌 중앙 성당, 1999), p. 167.

208 지학순, 『내가 겪은 공산주의: 體驗眞記』(서울: 카톨릭出版社, 1976), pp. 184-185.

이 대부분 파괴되었다.[209] 농촌 지역에서는 관개 시설이 파괴되고 농토가 황폐화되었으며 많은 가축도 잃었다.

무엇보다 전쟁의 가장 큰 손실은 인적 피해였다. 많은 노동 인구가 전쟁에 참가하여 인적 손실을 입었기 때문에 경제 복구에 절대적으로 노동력이 부족하였다. 북한은 이러한 노동력 부족을 극복하기 위해 소비 억제 정책과 광범위한 인력 동원 정책을 추진하고 내부 자원을 절약하는 정책을 시행하였다. 특히 북한 당국은 조속한 발전을 위해 대중 운동 노선을 이끌었다. 대중 운동으로는 1956년에 실시된 천리마운동이 대표적이다. 김일성은 1956년 12월 당중앙위원회 전원회의에서 처음 천리마운동을 제시하였고, 국가 재건을 위한 총동원 체제를 실시하였다. 북한 주민들은 전후 복구를 위해 대중 운동에 적극적으로 참여하였다.

가톨릭 신자들도 예외 없이 전후 복구 사업에 참여하여 경제 건설을 위해 정부 정책에 협력하게 되었다. 그러나 성직자가 없는 상황에서 공동체를 재건하는 힘을 발휘할 수는 없었다. 더구나 북한 당국은 전후 복구를 위한 대중 운동을 이끌어 가는 동시에 반미 반종교 교육을 강화하였다. 이런 교육으로 인해 어쩌면 북한에

---

[209] 양문수는 북한이 전쟁으로 8,700여개소의 공장, 60만호의 주택, 5,000개소의 학교, 1만개소의 병원 및 진료소, 수천 개소의 문화후생시설이 파괴되었다고 평가하였다. 양문수, 『북한경제의 구조: 경제개발과 침체의 메커니즘』(서울: 서울대학교출판부, 2001), p. 61. 약 1000개가 넘는 개신교와 가톨릭교회의 건물이 파괴 되었다.

서 강조하듯이 가톨릭교회 안에 퍼져 있던 숭미(崇美) 사상도 한국 전쟁 시 미군이 교회를 포함해 도시를 무차별적으로 폭격하는 것을 경험하면서 무너지게 되었을지도 모른다.

캐나다교회협의회의 방북 후 보고서는 "개신교 신자들은 미국을 '기독교 국가'라고 생각했는데, 미군의 손에 의해 자행된 북한 전역에 걸친 대대적 파괴를 목격한 이후 그들이 환상에서 깨어났고 결국 신앙을 버리게까지 되었다."고 증언하고 있다.[210] 전쟁 때 미군이 교회 건물을 폭격하여 많은 신자가 죽음을 당했던 사례는 반미 감정으로 확산되면서 종교를 버리는 원인이 되었다는 것이다.

북한 당국은 종교 활동에 영향을 미칠 수 있는 두 가지 대표적인 정책을 실시하였다. 첫 번째는 1958년부터 1960년 사이에 시행된 '중앙당 집중지도사업'이었다. 북한 당국은 집중지도 사업을 통해 전 인민을 집단 노동체제와 집단 농장체제로 결합하여 상호 감시 체계를 구축하였다. 이러한 감시 체계 하에서 가톨릭 신자들이 신앙생활을 하는데 제한을 받았을 것이다. 두 번째는, 1967년부터 1970년 사이에 시행된 '주민재등록사업'이었다. 이 사업을 통해 북한 전체의 인민들은 유사시 절대적 지지 세력, 유사시 계층, 유사시 적대 세력으로 분류되었다. 3계층을 다시 51개의 계층

---

[210] 캐나다교회협의회, "조선민주주의인민공화국'방문보고," 『신학사상』 제65집(1989), p. 383.

으로 분류하고 개신교, 불교, 가톨릭 신자에 대해 각각 37, 38, 39의 번호를 부여하였다.[211] 종교인들은 반혁명 분자로 분류되어 늘 감시를 받았으며 사상 교육의 주력 대상이 되었다. 북한의 신앙 공동체는 거주지 제한과 감시 속에서 와해되고 흩어져 각 가정에 가족 단위로 신앙생활을 하든가 아니면 포기하였을 것이다.

북한 당국이 반종교 선전을 시행하고 있었지만, 1968년에 가정예배를 공식적으로 허용하였다는 주장이 있다.[212] 신평길은 1968년 4월 초 노동당 정치국에서 '풀어주는 사업'을 광범위하게 실시하면서 "60대 이상 노인층 골수신자로서 신앙을 포기하지 않고 지하에서 종교 행위를 계속하고 있던 사람들에게 공식적으로 가정 예배를 허용하는 조치를 취했다."고 증언하였다.[213] 일요일에 가까운 신자들끼리 모여서 가정 예절을 드렸다는 증거는 북한을 방문해 신자들을 만나 인터뷰를 했던 가톨릭 성직자들이나 기자

---

211 부산대학교, 한국민족문화연구소, 『북한사회의 이해』(부산: 부산대학교출판부, 1995), p. 395.

212 가정 예배 허용 시기에 대해서는 연구자마다 약간의 차이가 있다. 최재영은 1970년대부터 허용되었다고 보고 있다. 최재영, "북한교회를 가다. 장충성당편," NK 투데이 http://nktoday.kr/?p=12782; 이연·장유지는 1972년에 이르러 오래동안 닫혀 있던 평양신학원이 회복하고 이와 때를 같이하여 전국에 산재한 "가정 교회"도 목회 활동을 회복하게 되었다고 주장하였다. 이연·장유지, "북한 사회 종교 정책의 역사적 변천," 『한국종교사연구』 제7집(1996), p. 256; 김병로는 1980년대 초반 허용되었다가, 1986년 공식적으로 허용된 것으로 파악하고 있다. 김병로, "북한의 신종교 정책과 종교 자유의 실태," 『북한연구학회보』 8권 2호(2004), p. 220.

213 신평길, "노동당의 반종교 정책 전개과정," pp. 58-59.

들의 중언에도 나타나고 있다.

조광동은 "그들은 한국 전쟁 이후 흩어져서 각자 가정에서 개인적으로 신앙생활을 하고 있었다. 다만 그들은 일요일에는 주변에서 가까운 신자들이 모여서 가정 신봉을 드렸다."고 증언하였다.[214] 가톨릭의 경우에도 가장이 주관하여 아침, 저녁 기도나 묵주기도를 하였다는 증언이 있다. 1987년 장익 주교가 북한을 방문하여 다섯 명의 북한 가톨릭 신자들을 만나 나눈 대화에서 한국 전쟁이 끝나고 북한 가톨릭 신자들이 어렵게 신앙생활을 하고 있었다는 것을 직접 들었기 때문이다.

6·25전란 시 포격으로 모든 성당이 파괴되고 교우들은 흩어진 이래 각자 가정에서 또는 개인으로 형편되는 대로 신앙생활을 해 왔다. 조만과와 삼종경은 여전히 바치고, 주일이면 주모경 서른세 번으로 대송하며, 첨례표가 없어 이동 대축일은 정확히 알 수 없으나 짐작하여 그 전날 대재(단식재)를 지킨다고 하였다. 어떤 부부는 가정에서 예부터 외워 오던 라틴말 성가를 함께 부르기도 하였다. 어떤 이는 기도책도 아무것도 없이 벽에 걸린 십자가만 바라보면서 신앙생활을 했다고 한다.[215]

---

214 조광동, "주춧돌은 세웠지만," p. 86. 가정 신봉은 가정에서 드리는 기도에 대한 옛 표현이다.

215 장익, "처음 만난 다섯 교우의 눈물," 『화해와 나눔』 제2호(1992), p. 77.

북한에서 가톨릭 신자들이 전쟁 이후에도 계속적으로 신앙을 간직하고 있으면서 자녀들에게 가톨릭 집안이라는 사실을 밝혀 주는 경우가 있고, 자녀들에게 조차 비밀을 지키며 신앙생활을 하였다는 점은 박해 시대를 유추해볼 때 충분히 가능한 일이다.

　다만 북한에서 자녀들에게 비밀을 지켰다면 그 이유는 자녀들이 가톨릭 신자라는 이유로 불이익을 당할지도 모른다는 염려 때문이었을 것이다. 이런 경우라 하더라도 부모가 죽기 전에는 유언을 통해 신앙을 말해 주고 앞으로 때가 오면 성당에 나가 세례를 받을 수 있도록 하라고 당부하는 경우도 있었음이 조금씩 밝혀지고 있다.

　이기헌 주교는 일본에 유학 온 조선족 신학생을 통해 북한 청년이 중국에 와 세례를 받은 사례를 들었는데, 청년의 부모가 청년이 중국에 가면 다른 일은 하지 않더라도 세례만은 꼭 받고 오라 신신당부를 하였다고 한다. 그리고 그 청년은 북한 신자들이 비밀리에 신앙생활을 하고 있다고 증언해 주었다고 한다.[216] 어떤 신자 부모들은 자식을 낳자마자 세례를 주는 경우도 있었다.[217] 따라서 북한 신자들의 자녀들 중에는 자신은 모르더라도 부모로부

216　이기헌, "장충성당과 북녘 신자들을 어떻게 대해야 할까." p. 7. 이기헌 주교는 현재 의정부교구교구장과 한국천주교주교회의 민족화해위원회위원장을 역임하고 있다.

217　가톨릭에서는 신자가 아닌 사람이 세례를 주더라도 유효하다.

터 유아세례를 받았을 수도 있다.[218]

이 시기에 남한 가톨릭교회에서는 북한 가톨릭교회를 '침묵의 교회'라 부르고 있었다. 그 이유는 북한 가톨릭교회는 더 이상 성직자와 수도자가 없는 상태에서 신자들이 신앙생활을 못하고 있다고 생각했기 때문이다. 하지만 북한 가톨릭 신자들은 사회적·정치적·경제적 어려움 속에서도 신앙생활을 포기하지 않고 있었고, 자녀들에게도 신앙의 유산을 물려주고 있었음을 추정해볼 수 있다. 그리고 종교 자유가 허락되면 언제든 다시 공개적으로 신앙생활을 할 수 있기를 기대하고 희망하고 있음을 충분히 그려볼 수 있다. 한국 가톨릭교회는 이런 박해와 광명의 시기를 거듭해 오면서 존립하고 성장해 왔기 때문이다.

---

218 이동호, "북한 교회의 현황과 한국 교회의 북한 선교 노력," 한국가톨릭 통일사목연구소, 『북한 선교와 통일문제』(서울: 사람과 사람, 1993), p. 36.

3장

북한 가톨릭교회의 재출현

북한은 1970년대 들어 내외적으로 많은 변화를 경험하였다. 내적으로는 주체사상을 확립하는 과정을 거쳤고 대외적으로는 동서 긴장 완화 등 국제 정세 변화에 직면하고 있었다. 이러한 변화를 반영하듯 남북 관계에도 훈풍이 불어 1971년 8월부터 남북 적십자 회담[219]이 시작되고, 이어 1972년에는 분단 이후 남북 대화의 첫 결실인 7·4 남북 공동 성명으로 이어졌다.

북한 내에서도 "1970년대 초부터 반종교 선전이 상대적으로 약화되고, 통일 전선적 협조의 측면이 재차 강화되는 변화가 있었

---

219 남북 적십자 회담은 최두선 대한 적십자사 총재가 1971년 8월 12일에 특별 성명을 통해 제의하고 북측이 곧바로 이를 수락할 뜻을 밝히면서 성사되었다. 이후 본회담을 개최하기 위한 예비 회담이 1971년 9월 20일부터 1972년 8월 11일까지, 약 1년 동안 판문점 중립국 감독위원회 회의실에서, 쌍방 각 5명씩의 대표가 참가한 가운데, 총 25회 개최되었고, 서울과 평양을 오가면서 모두 7차례의 본회담으로 이어졌다. 그렇지만 이산가족 상봉까지는 이루어 내지 못하고 1973년 8월 28일 북한의 전면적인 대화 중단 선언과 함께 단절되고 말았다.

다."[220] 전반적인 국내외 정세 변화가 북한 지도자들에게 새로운 종교 정책을 실행할 수 있는 객관적 환경을 마련해 준 것으로 평가된다. 이런 분위기를 반영하듯 북한 당국은 '조선기독교도련맹', '조선불교도련맹', '조선천도교회 중앙지도위원회' 등 종교 단체들을 부활시켜 활동을 재개토록 하였다.

북한의 종교 단체가 활동을 재개하였지만, 북한 가톨릭교회는 여전히 침묵을 지키고 있었다. 왜냐하면 해방 공간에서 북한 가톨릭교회가 기독교도련맹에 가입하지 않아 가톨릭교회를 대변할 단체가 없었기 때문이다. 그러나 국제 관계의 변화를 주시하던 바티칸은 북한에 대한 관심을 버리지 않고 있었고, 세계교회협의회(World Council of Churches, WCC)를 통해 개신교 루트로 이루어지는 북한 종교인들의 대외 행보와 그 움직임을 예의 주시하고 있었다.

바티칸은 제2차 바티칸 공의회 이후 공산주의에 대한 일방적 비판을 자제하고 무신론자들과 대화를 촉구하였다. 이에 발맞추어 유럽에서는 가톨릭 신학자들과 마르크스주의자들 간에 대화가 활발하게 진행되고 있었으므로 이러한 움직임을 예사롭게 보아 넘기지 않았던 것이다.

특히 1984년에 한국을 처음 방문하게 된 교황 요한 바오로 2세

---

220 강인철, "북한사회의 변화와 종교의 전망," 『사목』197호, 1995, p. 32.

(1978-2005년 재위)는 한반도 문제에 대한 관심을 새롭게 하였다. 이후 바티칸의 행보는 조금씩 빨라져 직간접적인 접촉을 모색하였고, 로마에 있는 유엔식량농업기구(Food and Agriculture Organization of the United Nations, 이하 FAO) 본부에 주재하는 북한 외교 라인을 통해 1987년 6월 평양에서 개최된 비동맹특별각료회의에 공식 대표단을 파견하는 등 활발하게 움직이기 시작했다. 이러한 바티칸의 움직임에 대해 외교적 대응을 모색할 필요를 느낀 북한 당국은 개신교와 달리 북한 가톨릭교회를 대변할 대외 창구가 없다는 현실을 확인하고, 이러한 장애를 극복하기 위해 특단의 조치를 취하게 된다. 결국 1988년 6월 북한 당국은 조선천주교인협회를 결성하고, 같은 해 10월 평양에 장충성당을 건립하게 된다.

1. 북한 가톨릭교회 재출현의 내부적 배경

1.1 북한 내 정치·사상적 배경

가. 김일성의 종교 체험과 연관성

김일성의 종교관은 개신교와 깊은 관련이 있다. 그는 신앙심 깊은 개신교 집안에서 성장하였고, 개신교 민족주의자들과도 관계를 맺었다. 그의 외조부 강돈욱은 장로교 장로로, 유명하고 영향력 있는 교회 지도자였다.[221] 신앙심 깊은 외조부는 김일성의 어머니 이름을 강반석이라 지었다. 반석은 '바위', 예수의 첫 제자 베드로를 일컫는다. 김일성은 그의 회고록에서 어머니와 함께 교회에 나가 예배에 참석했던 사실을 전하고 있다.[222] 김일성은 알게 모르게 이 과정에서 어머니의 신앙심을 배웠을 것이다.

김일성은 회고록에서 독립운동을 했던 종교인들과 평화를 바라는 기독교적인 사상을 긍정적으로 평가했다. 그는 많은 기독교 신자와 천도교, 불교계 신자들의 절대 다수도 애국자들이었다고 회고하였다. "온 세상 사람들이 평화롭고 화목하게 살기를 바라는 기독교적인 정신과 인간의 자주적인 삶을 주장하는 나의 사상은 모순되지 않는다고 나는 생각한다."[223] 그는 종교관을 민족주의와 인본주의 관점에서 긍정적으로 해석하고 받아들였다.

김일성의 종교에 대한 긍정적 해석은 1980년대 종교인들이 방북했을 때 그들을 대하는 태도에서도 드러난다. 김일성은 1981년

---

221 최영호, "김일성 생애 초기의 기독교적 배경," 『한국기독교와 역사』제2호(1992.11), p. 74.

222 김일성, 『세기와 더불어 1권』(평양: 조선로동당출판사, 1992), p. 104. 하지만 그는 어머니는 예배당에 다녔지만 예수를 믿지 않았다고 서술하고 있다.

223 김일성, 『세기와 더불어 1권』, p. 104.

과 1982년 북한을 방문한 김성락 목사[224]와 두 차례 만남을 가졌
다. 그는 식사 전에 김 목사에게 식사 기도를 부탁했고, 김 목사의
식사 전 기도가 끝나자 김일성이 "아멘"으로 화답하였다고 증언
하였다.[225] 이후 김성락 목사의 방문을 계기로 재미 교포 목사들
의 북한 방문이 활발하게 이루어졌다.[226]

나. 주체사상에 입각한 종교 재해석

주체사상이 등장하기 전까지 북한은 전통적 마르크스-레닌주
의 입장에서 "종교는 미신이고, 종교는 아편"이라는 입장을 취해
왔다. 그러다 주체사상이 등장하면서 종교 정책에도 변화가 나타
난다. 북한 당국이 마르크스-레닌주의적 무신론과 선을 긋고 주
체사상에 입각하여 종교에 대한 재해석을 시도할 수 있는 여건을
마련하였기 때문이다.

북한 종교 전문가들은 주체사상의 등장으로 북한 종교 정책이
변화한 것에 대해 이를 '신종교 정책'으로 묘사한다. 강인철은 이

---

224 김성락 목사는 전 숭실대 총장, 미국 한인교회연합회 조국 통일촉진회 회장이었으며, 당시 북한의 조선기독교도련맹 위원장이면서 국가 부주석이었던 강양욱과 평양신학교 동기 동창이다. 한국기독교역사연구소 북한교회사 집필위원회, 『북한교회사』, p. 454.

225 최영호, "김일성 생애 초기의 기독교적 배경," p. 77.

226 개신교의 활동은 아래 '사회적 배경'에서 더 깊이 고찰 되었다.

를 "새로운 종교론의 등장과 통일 전선의 전면적 발전"[227]으로 설명하였다. 변진흥도 "인간중심철학 대두 이후인 1972년 후에는 마르크스-레닌주의의 특징을 이루는 계급론적 요소가 희석되면서 적극적인 형태의 통일 전선적 접근이 이루어져 북한 종교 단체의 등장과 대외적인 활동이 이루어졌다."[228]고 이를 뒷받침했다.

북한 학자들과 종교인들도 주체사상과 종교의 가르침 간에는 공통분모가 있다고 주장해 왔다. 주체사상과 종교에 관해 기록한 최초의 문서는 돈 보리(Don Borrie) 목사가 1977년 10월초 북한을 방문하고 귀국해 당시 세계교회협의회(World Council of Churches, 이하 WCC) 총무 필립 포터(Philip Potter)에게 보낸 편지이다. 돈 보리 목사는 북한에서 열린 국제 주체사상 세미나에 참석하고 황장엽과 나눈 대화를 보고하였다. 그는 황장엽은 "주체사상과 종교가 말하는 인간에 관한 신학적·철학적 대화에 많은 관심이 있으며 그런 대화가 앞으로 계속되기 바란다."고 전했다.[229]

1981년 11월 기독교도련맹 서기장 고기준은 오스트리아 비엔나에서 열린 "조국 통일을 위한 북과 해외 동포, 기독자 간의 대

---

[227] 강인철, "북한사회의 변화와 종교의 전망," p. 32.

[228] 변진흥, "북한 종교 정책의 변화에 관한 연구: 인간중심철학의 대두를 중심으로," 한양대학교 박사학위 논문(2002).

[229] Don Borrie to Philip Potter, Oct. 8. 1977, WCC 도서관 소장. 김흥수·류대영, 「북한 종교의 새로운 이해」, p. 185 재인용.

화"에 참여하여 주체사상과 종교가 공통점이 있다고 주장하였다. 그는 이 자리에서 "사회주의와 기독교"라는 주제로 발표하였는데, 사람 중심의 주체사상은 인간 사랑의 기독교 이념과 일맥상통한다고 주장하였다. 그리고 그는 주체사상은 가난한 자 억눌린 자 천대받는 자의 해방을 설교하는 기독교 교리와 상당한 면에서 공통성을 띠고 있다고 밝혔다.[230] 그는 인간 사랑, 고통당하는 사람에 대한 관심, 민족 문제에 대한 최우선적 관심 등에서 사회주의와 기독교 사이에 공통점이 있다고 주장한 것이다.

그러나 1980년대 중반에 간행된 학술 서적들은 여전히 종교에 대해 비판적인 견해를 보이고 있다. 대표적으로 1981년과 1985년에 각각 출판된 『현대조선말사전』과 『철학사전』은 주체사상에 입각하여 쓴 대표 문헌임에도 종교와 관련된 용어들에 대해 매우 부정적으로 기술하고 있다. 이는 이때까지 북한이 마르크스-레닌주의 입장에서 종교를 비판하고 있음을 보여준 것으로, 이 시기 주체사상이 아직은 마르크스-레닌주의와 완전히 결별한 상태가 아니었음을 주장하는 논거가 되기도 한다.[231]

그러나 이와는 별도로 1970년대 이후 종교 단체를 다시 부각시

---

230 고기준, "사회주의와 기독교," 홍동근, 『비엔나에서 프랑크푸르트까지: 북과 해외 동포 · 기독자간의 통일대화 10년의 회고』(서울: 형상사, 1994), pp. 140-141.
231 김흥수 · 류대영, 「북한 종교의 새로운 이해」, p. 122.

키면서 대외적으로 이를 활용하기 시작한 북한 당국은 서서히 이론적인 면에서도 주체사상의 입장에서 종교와 연결 고리를 찾고자 하였음이 분명하다. 특히 1980년대 후반으로 접어들어서는 북한 당국이 국제 환경 변화에 대응하기 위해 통일 전선 측면에서 종교를 내세워 이를 활용할 필요성이 대내외적으로 부각되는 시기였기 때문이다.

실제로 1980년대 후반 들어 주체사상은 서서히 마르크스-레닌주의를 대체하고 있었다. 이 시기에 북한은 중국과 베트남을 비롯한 사회주의 국가들이 개혁 개방을 통해 경제 발전을 해 나가는 모습을 목격하면서 전통적인 마르크스주의 발전 이론과 종교관에 대한 새로운 해석의 필요성에 공감하게 된다. 특히 중국과 베트남은 종교를 인정하고 제한적으로 종교 자유를 허락하면서 전통적인 마르크스-레닌주의의 종교관을 접하였고, 북한 역시 이러한 조류에 발맞추어 주체사상을 기반으로 새로운 각도에서 종교에 대한 재해석 작업을 하고 있음을 드러냈다.

다. 김정일의 실용적 종교 정책

김정일은 주체사상을 권력 세습의 사다리로 삼고 권력 기반을 강화하기 위해 이를 적극 활용해 왔다. 그는 김일성의 종교관을 피력하면서 애초부터 종교인을 배척한 것이 아니라 제국주의에 부화뇌동하거나 종교를 악용하는 비애국적 행태를 배격했다는 것을 강조하였다. 이러한 김정일의 종교관에서 주체사상이 강조하는 도덕주의적이고, 인본주의적인 성격을 담고 있다는 점에 주목하게 된다.

김정일은 주체사상이 내세우는 윤리적 순기능을 강조하기 위해 종교에 대한 긍정적 측면을 부각시켰다. 그는 주체사상이 이러한 종교적 순기능을 포함할 수 있다는 것을 강조하면서 종교를 수용하고자 했다. 김정일은 더 나아가 "우리 당과 공화국 정부의 종교 정책, 종교 문제에 대한 우리 당과 공화국 정부의 립장은 시종일관하다."고 밝히고, "종교인들을 혁명의 동력으로 규정하고 그들과의 단결을 변함없이 강화하여 왔다"고 주장하였다.[232] 이는 김정일이 점차 종교를 실용주의적 입장에서 받아들이면서 다각적으로 활용하고자 하는 태도를 보인 것으로, 그의 이러한 태도는 김일성 사후 더 두드러졌다.[233]

---

232 자유북한 방송을 운영하는 탈북민 김성민 대표가 북한 관계자에게 수집하여 전하여 준 "종교사화" 이른바 "100부터서"로 분류되며, 북한의 선전일군, 보위부, 안전원 등에게만 대여 하는 비공개 도서-제7편 "기자상식"에 있는 내용이다. 송원근, "북한의 종교지형 변화 요인에 관한 연구," 명지대학교 대학원 박사학위 논문(2011), p. 96. 재인용.

233 김일성이 사망한 다음해인 1995년 8월 북한의 중앙인민위원회는 기독교도련맹 서기장을 지내다 사망한 고기준 목사에게 1990년에 제정된 '조국 통일상'을 수여했다. 한국기독교역사연구소, 앞의 책, p. 475. 이는 김정일의 실용주의적 종교 정책을 의미하며, 북한 주민들에게 종교의 사회 역할에 새로운 인식을 부여해 주었을 것이다.

2. 북한 가톨릭교회 재출현의 외부적 배경

2.1 해외 종교인들 방북

가. 개신교의 접촉과 방북

북한 개신교의 국제적 교류가 활발히 이루어지는 상황에서 1976년 미국은 북한, 쿠바, 알바니아, 베트남 등에 대한 방문 금지 조치를 해제하였다.[234] 미국 정부가 북한 방문을 개방함으로써 재미 교포들은 북한을 자유롭게 방문할 수 있게 되었다.

1977년경부터 약 10년 동안 거의 3천 명의 재미 교포들이 북한을 방문하였다. 이들 중 상당수가 기독교인이었다. 이들 가운데 일부는 기독교도련맹이나 가정 교회의 북한 기독교인들과 만날 수 있었다.[235] 초창기 단순히 고향 방문 수준에 머물렀던 재미 교포들의 방북은 점차 종교적 차원에서 이루어지기 시작하였다.

1978년 북한 기독교도련맹 위원장이자 부주석이었던 강양욱 목사 초청으로 이승만 목사가 북한의 고향을 방문하게 되었다. 그는 고향 방문뿐 아니라 강양욱 목사와도 만남을 가졌다. 다음해에는 나성한인연합교회 노의선 목사가 고향을 방문하여 역시 강양

---

234 조광동, 『더디 가도 사람생각 하지요』(서울: 지리산, 1991), p. 166.
235 한국기독교역사연구소 북한교회사 집필위원회, 『북한교회사』, p. 453.

욱 목사를 만났다. 특히 1981년에 방북이 더욱 활발해졌다. 조국 통일해외기독자회 대표단이 '북과 해외 동포 기독자와의 대화' 모임을 준비하기 위해 북한을 방문하였다.[236] 대표단이 단체로 방북하는 것은 이례적이었다.

같은 해 강양욱 목사와 평양신학교 동기 동창이었던 김성락 목사가 북한을 방북하였다. 그는 앞에서 언급하였듯이 김일성의 오찬 초대를 받아 같이 식사를 하기도 하였다. 그는 이듬해 재차 방북하여 기독교도련맹에 남한에서 발간된 신구약 합본 성경과 찬송가집 수백 권을 전달하였다.[237] 이 시기 북한을 방문했던 목사들은 가정 예배처를 방문하거나 가정 예배에 참석하기도 하였다.

1986년 4월 18일 미국기독교교회협의회 대표단이 공식적으로 평양을 방문하였다. 한국 전쟁 이후 미국의 종교 단체에게는 역사적 순간이었다. 1986년 11월 미국교회협의회는 총회를 가지고 "한반도의 평화와 통일" 정책 성명을 발표하였다. 그리고 미국교회협의회는 기독교도련맹과 관계를 개선하는 의미 있는 교류를 가졌다.[238] 북한은 한국 전쟁 이후 반미 반제국주의를 강조하면서 미국과 선교사를 등치시켜왔다. 그런데 북한 당국이 미국 개신교

---

236 위의 책, p. 454.
237 위의 책, p. 455.
238 김흥수 · 류대영, 「북한 종교의 새로운 이해」, p. 254.

와 교류를 가지는 의미 있는 변화가 나타났다.

나. 고종옥 마태오 신부 방북

고종옥(마태오, 캐나다 몬트리올 대교구) 신부는 1984년 3월 24일 북한 방문을 계획하였다.[239] 그는 두 가지 목적을 가지고 북한을 방문하였다. 첫 번째는 가족을 만나 함께 미사를 봉헌하는 것이었다. 그는 가족들을 만나 가족들에게 자신이 누구인지 알려 주고 그들이 오랫동안 간직하고 있던 신앙심을 일깨우고 복음을 전파하려는 목적이 있었다. 그렇지만 정작 그가 평양을 방문하여 가족들을 만났을 때 자신의 신분을 이야기하고 가족들과 함께 미사를 봉헌하려 하였지만, 가족들은 미사에 대해 부정적 반응을 보였다. 그들은 자신들이 살아가는데 행복을 누리고 있으며 이곳이 지상천국이라 강조하였다. 결국 그는 가족들과 미사를 드리지 못하고 혼자 호텔에서 미사를 드릴 수밖에 없었다.[240] 이 미사는 공식적인 것은 아니었지만 한국 전쟁 이후 33년 만에 북한에서 봉헌된 첫 미사였다.[241]

---

[239] 고 마태오 신부는 개성이 고향이면서 캐나다 시민권을 갖고 북미주 교포 사목을 담당하고 있었다. 그는 1982년에 구성된 한국 가톨릭교회 창립 200주년 기념사업회 산하 북한 선교부의 해외 임원으로 활동하기 시작하여 북한 선교를 위해 방북을 모색했다.

[240] 고종옥, 『아, 조국과 민족은 하나인데』(서울: 중원문화, 1988), p. 122.

[241] 1951년 1.4 후퇴를 기준으로 본다면 33년 만에 이루어진 첫 미사로 기록이 가능하다.

둘째는 북한 선교를 목적으로 하였다. 선교 사명은 북한에 가서 미사를 드리고 성사를 집행하거나 북한 사회에 가톨릭교회의 존재를 알리는 것이었다. 더 나아가 가톨릭이 앞으로 북한에서 선교할 수 있는 가능성을 타진해 보는 것이었다. 다행히도 북한 당국은 그의 로만 칼라[242] 복장을 허가했다. 그래서 그가 로만 칼라를 하고 식당에 갔을 때 그곳에서 그가 신부인 것을 알아본 외국인 가톨릭 신자를 만나 즉석에서 고해성사를 줄 수 있었다.[243] 이 일은 북한 당국이 가톨릭 성직자에게 배타적 태도를 취하지 않는다는 것을 확인해주는 계기가 되었다.

고 마태오 신부는 방북 후 남한 가톨릭교회 '북한 선교부' 위원으로 북한 선교 사명을 받고 파리로 옮기게 된다.[244] 그는 북한 선

---

242 로만 칼라는 성직 칼라(clerical collar)를 말한다. 가톨릭 신부와 감리교 감독과 목사 등 기독교계의 성직자가 수단 등 성직자 복장을 갖추면서 목에 두르는 하얀 옷깃(칼라)를 말한다.

243 고종옥, 『아, 조국과 민족은 하나인데』, p. 95.

244 한국가톨릭 200주년 기념사업위원회 북한 선교부는 메리놀 외방전교회 함제도 신부를 해외 담당위원, 고종옥 신부와 박창득 신부를 해외 활동위원으로 위촉하였다. 한국가톨릭 주교회의 민족화해위원회, 『주교회의 민족화해위원회 10년사』(서울: 한국가톨릭 주교회의 민족화해위원회, 2011), p. 13. 그는 파리에 약 2년 5개월 동안 머물면서 북한 관리들과 접촉하고 북한 선교를 위한 자료 수집과 연구를 진행하였다. 무엇보다 그는 북한에 파견될 때 겪을 어려움을 생각하여 북한 생활에 적응하기 위하여 노력하였다. 그는 스스로 '북한 인민화'라는 표현을 사용하였으며 북한 주민처럼 생활할 수 있도록 몸과 마음을 준비하였다. 그는 이곳에 머물면서 북한에 대한 이해를 위한 이론적인 준비와 생활에 적응하기 위한 훈련을 한 것이다.

교부를 담당하던 김남수 주교로부터 대북한 접촉을 위한 실무자로 위촉을 받고, 파리를 대북한 접촉 장소로 선택하였다. 그가 파리를 선택한 이유는 북한이 유럽 지역에 있는 나라들에 대사들을 파견하고 있었고, 그는 이곳에서 북한 관리들과 쉽게 접촉할 수 있었기 때문이다. 당시 프랑스와 북한 간 대사급 외교 관계를 수립하지는 않았지만 통상 대표부를 '총대표부'로 승격시키면서 프랑스와 북한이 정치적으로 외교적으로 관계를 호전시키고 있는 시기였다. 그래서 그는 이곳에서 활동하면서 북한과 접촉을 비교적 자유롭게 할 수 있을 것이라 판단했다. 실제로 그는 이곳에서 북한으로 파견될 준비를 하였고 북한에서 해외에 파견한 관리들과 외교적 접촉을 벌이게 된다.

고 마태오 신부는 북한에서 파리나 오스트리아 빈에 파견된 주재 외교관들과 접촉을 이어 갔다. 특히 A국 대사관에 근무하는 C씨와 가장 많은 접촉을 하면서 남한 가톨릭 주교의 북한 방문을 합의하기도 했다.

그가 주교급 방북을 추진하였던 이유는 첫째, 주교가 방문하면 김일성이나 김정일과 만날 가능성이 높고, 김일성이나 김정일을 만나려면 사제보다는 주교급 정도는 되어야 가능하다고 생각했기 때문이다. 고 마태오 신부는 그가 1984년에 북한을 방문했을

때 '신부'라는 호칭이 아닌 '선생'으로 불리었다.[245]

둘째, 오랫동안 사제가 없이 침묵을 지키며 숨어 신앙생활을 하는 신자들에게 '교회가 살아있다'는 모습과 희망을 보여주기 위해서였다. 주교급이 북한을 방문하면 외교 관례상 정식 호칭으로 불리게 되고, 텔레비전 방송에도 '주교 방문'이라 언급될 수 있을 것이다.[246] 만약 남한 주교의 방북 소식이 텔레비전에 나오면 오랫동안 사제 없이 가정에서 신앙생활을 하는 북한 신자들에게 희망을 줄 수 있으리라 생각한 것이다.

남한 가톨릭교회는 고종옥 신부를 통해 북한 측 의사를 전달받고 1985년부터 1987년까지 평양교구장 서리 김수환 추기경, 함흥·덕원면속구 교구장 서리 이동호 아빠스 및 김남수 주교 등의 북한 방문을 계획하였다. 주교들은 당시 안기부장과 차장을 만나 상의하였지만, 그들은 주교가 북한을 방문하는 것은 시기상조라는 이유로 부정적이었다. 결국 한국 가톨릭교회의 주교급 북한 방문은 정치적 이유로 좌절되고 말았다. 남한 가톨릭교회는 그들의 방북이 남한 정부의 반대로 어렵게 되자 바티칸의 도움을 요청하게 된다. 바티칸은 남한 가톨릭교회의 요청을 받아 북한 가톨릭교

245　고마태오, 『조국과 교회 사이에서』, p. 111.

246　위의 책, p. 111.

회 문제에 대해 보다 적극적으로 개입하게 된다.[247]

이처럼 남한 가톨릭교회의 주교급 성직자 방북을 추진한 고종옥 신부의 북한 선교 노력은 좌절되었다. 하지만 고종옥 신부의 이러한 노력들은 다음과 같은 의의를 지닌다. 첫째, 그는 남북한 가톨릭교회가 교류할 수 있도록 북한 가톨릭 단체가 필요하다는 점을 북한 당국에 각인시켰다. 북한 내에 다른 종교 단체는 대외 교류를 활발하게 하고 있지만, 가톨릭교회는 단체가 조직되지 않았다. 이 시기에 개신교는 기독교도련맹을 통해 공식 협의가 가능했지만 북한 가톨릭교회의 경우에는 남한 가톨릭교회나 해외 가톨릭교회 단체와 접촉을 할 수가 없었음을 서로 확인할 수 있었다. 그래서 고 마태오 신부는 우선 가족 방문을 위해 북한을 방문하는 가톨릭 신자 교포들을 위해서라도 북한이 '천주교 신우회' 같은 기구를 만들어 연락 업무를 취할 수 있도록 북한 관리들에게 신우회 필요성을 언급한 바 있다.[248] 그의 이런 노력은 그와 접촉한 북한 관리들을 통해 북한에도 가톨릭 단체가 결성될 필요가 있음을 확인시키는 중요한 역할을 하였음에 틀림없다.

둘째, 남한 가톨릭교회가 제대로 북한 선교를 준비하기 위해서는 우선적으로 북한 사회체제를 이해하고 북한 당국의 승인 하에

---

247 윤일웅, "가톨릭의 북한 비밀접촉," p. 554 참조.
248 고마태오, 『조국과 교회 사이에서』, p. 112.

합법적인 방법으로 추진하여야 한다는 점을 이해시켰다. "북한은 철저하게 제도화되고 또 완벽하게 통제되어 있는 사회이기 때문에 북한 사회에서의 선교 활동이 비밀리에 이루어질 수 없을뿐더러, 북한 당국의 비위를 거스르는 여하한 선교 활동도 해서는 안 되기 때문이다. 그래서 제3국을 통한 전교 활동이나 비밀리에 이루어지는 복음 전도는 북한 선교에 대한 전망을 해치는 결과를 가져올 수 있다."[249]는 점을 강조하면서, 그는 한국 가톨릭교회로 하여금 북한 당국과 계속적인 접촉과 대화를 유지하면서 합법적 범위 안에서 북한 선교를 추진해야 한다는 점을 이해시켰다. 그의 이러한 설득은 반공주의에 젖어있던 한국 가톨릭교회에 보다 개방적이고 실용적인 대북 정책 추진의 필요성을 느끼게 만들었다. 특히 고 마태오 신부는 북한 선교를 위해 북한 당국과 북한 사회의 입장을 충분히 고려해야 하며, 이를 위해서는 무엇보다 먼저 북한 공산주의 체제와 주체사상을 학문적으로 연구하고 북한 주민의 실제 삶을 이해하는 입장에서 접근해야 할 필요가 있다는 것을 주지시켰다.[250]

249 위의 책, p. 100.

250 비록 고종옥 신부는 북한에 들어가서 직접적으로 선교 활동을 하지는 못하고 중간에 마감을 하였지만 북한으로 하여금 가톨릭교회를 인식하게 하는데 중요한 역할을 하였다. 그리고 그의 방문으로 바티칸이 북한 가톨릭교회에 관심을 가지고 적극적으로 접촉을 시도하게 되었으며, 장익 신부를 평양비동맹각료회의에 파견하는데 중요한 역할을 하였다.

2.2 바티칸의 접촉과 대표단 방북

가. 비공식 채널에 의한 접촉

　바티칸은 북한이 공산화되고, 한국 전쟁 후에는 북한 지역에 더 이상 교계 제도가 존재하지 않는 상태였지만, 1980년 이후 다양한 외교 경로를 활용하여 북한 당국과 접촉을 시도하였다. 바티칸 국무성은 외교 문제를 총괄하기 때문에 북한과의 접촉 업무도 여기서 담당한다. 그리고 실무는 국무성 산하 비그리스도교 사무국 소관이다. 바티칸은 한국 전쟁 이후에도 계속적으로 북한 가톨릭교회에 관심을 가지고 있었고, 남한 가톨릭교회를 통해 북한 정세와 가톨릭교회에 관한 정보를 얻고 있었다. 장익 주교는 바티칸이 1980년대 초부터 계속적으로 북한 당국과 교류를 가지기를 원하였지만 북한 당국이 이를 거부해 왔다고 밝혔다.[251] 이때까지만 해도 북한 당국은 국제적 조직망을 가진 가톨릭교회와 교류를 하는 것에 부담을 느꼈을 것이다.

　바티칸은 1984년 교황 요한 바오로 2세가 한국을 방문한 후 1985년에 접어들면서 비공식 채널을 통해 북한 당국과 접촉을 본격화하기 시작했다. 이때 바티칸은 북한과 접촉하기 위해 프랑스

251　장익 주교(1933-2020)의 인터뷰 내용. 장익 주교는 춘천교구 교구장을 역임한 뒤 은퇴하여 춘천시 소재지 실레마을 공소에 기거하였다. 인터뷰는 2017년 4월 25일, 춘천시 소재지 실레마을 공소에서 진행되었다.

와 북한 사이의 외교 관계를 활용하였다.[252] 때마침 북한은 1984년 '합영법'을 제정하여 자본주의 세계와 협력을 준비하고 있었고, 미국·일본 등과의 관계 개선 노력은 물론 남북한 관계에 있어서도 유연성을 보였다.

북한 입장에서는 합영법 발표 후 무엇보다 경제 원조를 바라고 있었는데, 바티칸은 북한의 이러한 입장을 파악하고 프랑스 원조기구인 "제3세계 기아문제와 발전을 위한 프랑스교회 원조기구(Commite Catholique contre la Faim et pour le Developpement, CCFD)"를 통해 50만 달러 원조를 제공하면서 북한 당국과 대화 채널을 마련하는데 성공했다.[253]

이 원조는 비정치적 용도로 북한 내 공업학교 실습 기자재를 지원하는데 사용되었다.[254] 김일성은 이에 대한 보답으로 평양을 방문한 CCFD 부총재(프랑스인 수사)를 1985년 4월 15일 자신의 생일잔치에 초대하여 오찬을 나누기도 하였다.[255] 그리고 같은 해 8월 8일 북한은 토고 주재 북한 대사 김양황을 바티칸에 보내 교황

---

252 윤일웅, "가톨릭의 북한 비밀접촉," p. 557.
253 변진흥, "남북한 종교 교류의 전개과정," p. 420.
254 윤일웅, "가톨릭의 북한 비밀접촉," p. 558.
255 윤일웅, "가톨릭의 북한 비밀접촉," p. 558.

요한 바오로 2세를 알현하게 하였다.[256] 이를 계기로 바티칸과 북한은 교류 폭을 넓히기 위해 계속 노력하였고 이후 점차 공식 접촉으로 이어지게 되었다.

나. 바티칸 대표단 파견

바티칸은 북한과 비공식적 접촉을 이어가면서 공식 교류를 모색했다. 바티칸은 북한이 역점을 두던 비동맹회의를 통해 접점을 찾기 시작했다. 바티칸은 비동맹회의 정회원은 아니었지만 옵서버 자격을 갖고 있어 1981년 2월에 인도 뉴델리에서 열린 비동맹 외상회의에 옵서버로 참석하고, 1983년 같은 곳에서 열린 비동맹 정상회의에도 참석하였다.

바티칸은 계속 1985년 9월 앙골라 루안다에서 열린 비동맹외상회의와 1986년 4월 인도 뉴델리에서 열린 비동맹외상회의에도 참석하면서 북한과의 외교적 접촉을 가졌다. 북한은 1960년대부터 비동맹 외교에 집중한 상태였고, 김일성은 1965년 인도네시아에서 열린 비동맹운동 시작 10주년 기념행사에 참석하기도 하였으므로 비동맹회의에서 활발한 활동을 보이고 있었다. 바티칸은 1980년대로 접어들면서 비동맹회의를 통해 북한 당국에 교류 가

---

256 한국천주교주교회의 북한선교위원회, 『한국가톨릭 통일사목자료집 1』(서울 : 사람과 사람, 1992), p. 512.

능성을 수차 타진한 바 있다.[257]

북한은 1986년 짐바브웨 하라레에서 열린 제8차 비동맹 정상 회의에 참석하여 3년 후에 열릴 제9차 비동맹 정상 회담을 평양에서 유치할 계획을 추진하였다. 하지만 이 계획은 무산되었고, 북한 당국은 1987년 비동맹각료특별회의를 평양에서 개최하게 되었다. 북한과 직접 접촉을 시도하던 바티칸은 평양에서 개최될 국제 모임에 대표단을 참석시킬 가능성을 타진하였다. 당시 리종혁[258]은 로마에 있는 FAO 이탈리아 대표부 대표로 파견되었다. 교황청은 그와 접촉하여 북한 방문에 대해 논의하였다.

장익 주교는 인터뷰에서 "리종혁은 교황청과 북한이 아직은 완전히 수교를 할 수 있는 입장이 아니라는 의견을 말하였고 교황청과 계속적으로 접촉을 가지면서 교황청 대표단을 1987년 평양에서 개최될 비동맹각료특별회의에 옵서버로 방문할 수 있도록 초청하였다."고 바티칸 대표단의 북한 방문이 성사된 경위를 증언하였다.

이처럼 바티칸은 그동안 북한과 비공식적으로 접촉해 오다 직접 접촉을 시도하여 1987년 평양에서 열리는 비동맹각료특별회

---

257 장익 주교 인터뷰 내용.

258 리종혁은 로마 FAO 본부에서 임무를 마친 후 북한으로 귀국하여 현재 북한의 조선아시아태평양평화위원회 부위원장을 역임하고 있다.

의에 대표단을 파견하게 되었다. 바티칸은 당시 제네바 유엔기구 교황청 사절단 고문으로 있던 주세페 베르텔로 몬시뇰을 파견하기로 결정하였다. 그래서 몬시뇰은 한국말을 할 수 있는 한국인이 같이 갈 수 있기를 요청했고, 바티칸은 평양교구장 서리를 맡고 있던 서울대교구장 김수환 추기경과 협의 후 당시 서울대교구 사목연구실장을 맡고 있던 장익 신부[259]를 파견하기로 결정하였다.

장익 신부는 북한 리종혁 대사와 접촉하여 그들의 평양 방문 목적에 대해 논의하였다. 장익 신부는 리종혁 대사에게 그들의 평양 방문 목적은 군사적, 정치적, 무역을 위해서가 아니라 종교적인 것에 있다고 설명하였다. 그래서 그들이 북한을 방문했을 때 덕원의 옛 수도원과 관후리성당이 있었던 장소 등 가톨릭 유적지를 방문하고 싶다고 요청하였다. 그리고 더 나아가 북한 가톨릭 신자들이 있으면 만날 수 있도록 주선해 달라고 요청하였다. 리종혁은 그들이 가톨릭 유적지를 방문할 수 있고 가톨릭 신자들을 만날 수 있도록 도와주겠다고 약속하였다.[260]

---

259 당시 장익(張益, 1933-2020)신부는 김수환 추기경의 비서 신부였으며, 1993년 12월 29일 주교로 서품을 받고 가톨릭 춘천교구장과 가톨릭 함흥교구장 서리 그리고 한국천주교주교회의 의장 등을 역임하였다. 그는 북한을 다녀와서 40매 분량의 보고서를 작성해서 바티칸에 제출하였다. 바티칸 비밀문서고의 문서 공개 기한은 관례에 따라 작성된 날로부터 75년이다. 이 문서는 교황청 문서 공개 기한 규정에 따라 75년 후에 열람 할 수 있을 것이다. (장익 주교 인터뷰 내용)

260 실제로 그들이 북한을 방문했을 때는 이러한 계획들이 제대로 이행되지는 않았다고

장익 신부 일행은 1987년 6월 7일 평양에 도착하였다. 그리고 그들은 8일에 기독교도련맹 중앙위원회를 방문하여 동 연맹 서기장인 고기준 목사, 박영로 목사, 최창수 등 세 사람과 약 1시간 반에 걸친 대담을 나누었다. 장익 신부는 이 자리에서 가톨릭 신자 소식을 물었고, 고기준 목사는 1948년 11월에 기독교도련맹이 창립되던 당시에도, 그리고 그 이후에도 가톨릭 신자들이 가입 신청을 해온 적은 없다고 들었다고 말했다. 그리고 고 목사 자신은 직접 아는 교우가 없으나 연맹의 지역단위 조직을 통해 수소문해 보면 찾을 수는 있을 터이니, 일간 모이는 대로 알려 주겠다고 하였다.[261]

장익 신부 일행은 평양을 떠나기 바로 전날 다섯 명의 가톨릭 신자들을 만났다. 장익 신부가 만난 가톨릭 신자들은 김승렬 야고보, 마등룡 바오로, 윤봉순 모이세, 박덕수 말구, 홍도숙 데레사 등이다. 장익 신부는 이들과 대화를 통해 그들이 해방 전에 사용하

한다. 그들이 평양을 방문했을 때 북한 당국은 덕원 수도원 가는 길이 좋지 않다고 하여 방문을 취소하였고, 관후리성당도 다른 곳으로 안내하였다고 한다. 장익 신부가 가톨릭 신자를 만나고 싶다고 했을 때 북한 안내원은 "교우가 어디에 있느냐? 김일성 주석님이 지상 천국을 만들어 놓았는데 신자들은 없다"고 주장하였다. 만약 가톨릭 신자를 만나고 싶다면 조선기독교도련맹 사무실을 찾아가 보라고 제안을 해서 장익 신부는 조선기독교도련맹을 찾아가게 되었다. (장익 주교 인터뷰)

[261] 장익, "처음 만난 다섯 교우의 눈물," 『화해와 나눔』 제2호 통권 43호(서울: 한국천주교주교회의 북한선교위원회, 1992), p. 77.

던 가톨릭 언어를 아직도 사용하고 있고 몰래 신앙생활을 영위해 왔음을 확인하였다.[262] 그는 이 자리에서 신자들에게 1989년 10월 서울에서 열리는 세계성체대회에 다만 몇몇 대표라도 세계 도처에서 올 교우들과 함께 맞을 수 있으면 좋겠다고 초대하였다.[263]

남한 가톨릭교회는 이 당시 교황 요한 바오로 2세의 두 번째 한국 방문을 준비하고 있었다. 그래서 그는 북한 신자들을 남한에 초대해 교황과 함께 국제 행사를 같이 진행하면 좋겠다고 생각한 것이다. 또한 그는 가끔이라도 사제가 밖으로부터 찾아와 교우들을 보살필 수 있으면 좋지 않겠느냐고 제안하였다. 하지만 신자 중에 김승렬 야고보는 이러한 결정들은 당국의 의사를 물어야 한

---

262 이와 관련하여 장익 신부의 증언이 실린 "처음 만난 다섯 교우의 눈물"의 내용과 장익 신부의 직접 증언을 비교해 기술하면 다음과 같다. 먼저 "처음 만난 다섯 교우의 눈물"에 따르면, 이날 나타난 신자들 가운데 김승렬(야고보)은 강원도 (신)고산 공소 회장의 아들로서, 농과대학 출신이며, 원예가였으나 지금은 은퇴한 사람이다(약 60세). 마등봉(바오로)은 연길 간도 출신으로, 명월구 해성학교 盧 신부에게서 세례를 받았으며 62세쯤 되어 보였다. 윤봉순(모이세)은 강 신부에게 자주 다녔다고 하였으며, 농부 출신으로 60세쯤 되었다. 박덕수(말구)는 연길 간도 출신으로 농과대학을 졸업하였고, 평양시 공원을 담당하다가 은퇴했다고 한다(약 60세). 홍도숙(데레사)은 박덕수의 아내로 평북 비현 출신이며 어려서 중국에서도 살았다고 했다. 한 신부와 잘 아는 것 같았다(약 55세). 지금까지 여러 글에서 박덕수(말구)와 홍도숙(데레사)은 부부라고 알려졌다는 것이다. 그러나 필자가 이 내용 가운데 박덕수와 홍도숙의 관계를 재확인했을 때 장익 신부는 인터뷰에서 그들의 고향이 다르고 부부도 아니라고 밝혔다. 장익 신부는 평양에 다녀 온 후 북한 출신 성직자나 수도자들에게 북한 신자들과 같이 찍은 사진을 보여 주면서 그들의 신원을 확인하였다고 한다. 대부분의 성직자들과 수도자들이 그들을 알고 있다고 확인해 주었다. 사진은 위의 글 76쪽에 실려 있다.

263 장익, "처음 만난 다섯 교우의 눈물," p. 77.

다고 결정을 유보하였다. 이미 이 시기에 한국 가톨릭교회는 북한 가톨릭교회 재건을 위해 사제 파견 가능성에 대해서도 논의하고 있었다.[264]

그들의 평양 방문을 통해 교황청과 북한 당국 간에 직접 교류가 가능해졌다. 그리고 그들의 방문은 북한 지역에 여전히 신자들이 존재하고 있고 신앙생활을 하고 있음을 확인하는 계기가 되었다. 교황청은 북한에 신자들이 신앙생활하고 있음을 알고 북한 당국의 비동맹회의에 바티칸 대표 초청에 대한 답례로 신자들을 교황청에 초대하였다.

다. 바티칸의 북한 신자 초청

바티칸과 북한 당국의 공식 관계는 바티칸이 1988년 4월에 북한 신자들을 로마 교황청으로 초대하는 것으로 이어진다. 바티칸은 북측이 평양비동맹각료특별회의에 대표단을 초청한 것에 대한 답례로 다음해 4월 주님 부활 대축일에 북한 교우들을 바티칸에 초대하였다. 북한 신자 초대는 한국 전쟁 이후 처음으로 이루어진 것이다.

북한 대표단은 모두 여섯 명으로 구성되었고, 이들은 1988년

---

264 장익 주교는 평양 방문 후 김수환 추기경을 만나는 자리에서 북한 신자들이 황폐한 조건 속에서도 자신들의 신앙을 지켰다는 것에 대한 경외감마저 들었다고 보고하면서 사제 파견에 관해 의논을 나누었다.

3월 30일부터 4월 6일까지 바티칸을 순례하였다. 장익 주교에 따르면 여섯 명 가운데 개신교 이 목사가 대표단 단장이었고 한 명은 장익 주교가 북한을 방문했을 때 그를 담당했던 요원이었다. 나머지 두 명은 북한 고위 당국자들이어서 결국은 두 명만 신자였다. 그 가운데 한 명은 이진철 모이세였고, 다른 한 명은 장익 주교가 평양에서 만났던 홍도숙 데레사였다.[265]

  두 명의 신자들은 교황이 집전하는 주님 만찬 성목요일 미사와 주님 부활 대축일 미사에 참석하였다. 그들은 한국 전쟁 이후 30여년 만에 미사에 참석하는 것이었다. 그래서 장익 주교는 그들에게 고해성사를 권하였다. 그들은 고해성사를 보는 것에 대해 긴장하였다. 그러나 자기들끼리 논의한 끝에 고해성사를 보았다. 신자 두 명은 고해성사를 보고 교황 요한 바오로 2세가 직접 집전하는 주님 만찬 성목요일 미사에 참석하였는데 대사들이 앉는 특석을 배정받았다. 그리고 그들은 주님 만찬 성목요일 미사 중에 거행하는 세족례 의식(미사 주례자가 미사에 참석한 신자의 발을 씻어주는 예식)에 함께 하였는데, 교황 요한 바오로 2세가 직접 그들의 발을 씻어 주었다. 미사 후 그들은 교황의 특별한 축복을 받기 위해 교

---

[265] 장익 신부의 증언으로 기록된 글에서는 이때 로마를 방문한 신자 두 사람이 홍도숙 데레사와 박덕수 말구 부부였던 것으로 기록되어 있지만, 장익 주교는 인터뷰에서 이 둘은 부부가 아니라고 증언하면서 남성 신자의 이름이 이진철 모이세 였음을 밝혔다.

황과 개인적으로 만났다.[266] 그들이 바티칸을 순례하는 동안 장익 신부가 그들을 안내했다.

북한 신자들이 평양으로 돌아 간 후 리종혁은 장익 신부에게 북한이 가톨릭교회와 관계를 맺었으니 북한에도 가톨릭교회에 익숙한 사람이 필요하기 때문에 가톨릭교회에 대해 공부할 북한 유학생을 파견하겠다고 제안하였다. 북한 당국은 가톨릭교회에 대해 잘 몰라서 가톨릭교회가 어떤 곳인지 알아야 할 필요가 있었을 것이다.

리종혁은 로마에서 신학을 공부할 수 있도록 30세가 넘은 남자 한 명을 추천하였다.[267] 그는 교황청에서 운영하는 우르바노 대학에 입학하였고, 교황청으로부터 학비를 전액 지원 받았다. 장익 주교는 "그는 신학생은 아니었고 일반 학생으로 등록하였으며, 북한 외교관들이 함께 모여 사는 집에서 같이 살면서 통학하였다."고 밝혔다.[268] 하지만 북한 유학생은 일 년도 못되어 무단결석을 하고 더 이상 학교에 나오지 않았다.

266 이 사진은 현재 평양 장충성당 제의실에 걸려 있고, 평양 장충성당 미사를 홍보하는 팜플렛에도 사진을 게재하여 홍보용으로 사용하고 있다.
267 장익 신부에 따르면 그의 신상에 대해서는 간단하게 서술되어 있었는데, 다만 불어를 잘하는 사람인 것으로 보아 아프리카 지역에서 일하던 외교관 출신이었던 것으로 추측이 가능했다고 한다.
268 장익 주교 인터뷰.

북한 유학생이 공부를 마치지 못하고 북한으로 돌아간 이후 북한 당국은 리종혁을 통해 여러 수도회로부터 수도회 회칙과 신학교 규칙을 수집하였다. 장익 주교는 이러한 움직임에 대해 북한 당국이 북한 정권에 필요한 수도회를 만들거나 사제를 독자적으로 양성하려 한 것으로 평가한다고 진술했다. 북한 당국은 이후에도 바티칸 당국과 계속적으로 교류하기를 원하였는데, 이 과정 속에서 중국의 가톨릭교회와 같은 형태의 교회를 북한에 도입할 계획을 추진할 수 있었을 것이라는 추측이 가능하다. 그러나 어떻든 이 과정을 거치면서 북한 가톨릭교회를 대변하는 새로운 종교 단체의 탄생이 이루어진 것이다.

3. 북한 가톨릭교회의 재출현

북한은 1980년대에 들어서면서 점차 개방화 정책을 추구하며 세계적으로 주목을 받게 되었다. 1980년을 전후한 시기에 외부세계에서 종교인을 포함한 많은 인사가 북한을 방문하면서 교류를 이어 갔고, 북한의 각 종교 단체들도 외부 세계와 활발하게 교류 범위를 넓혀 갔다. 남한에 있는 한국 가톨릭교회도 1984년 '한국가톨릭 창립 200주년 기념'을 계기로 교황 요한 바오로 2세를 초청하면서 북한에 대한 관심을 구체화하여 200주년을 준비하는 주교회의 기구 안에 북한 선교부를 설치하고, 1984년에 북한 신자들이 함께 참가할 수 있기를 바란다는 입장을 표명했다. 비록 200주년 기념행사에 북한 신자들이 참가하지는 못했지만, 한국 가톨릭교회는 한시적 기구에 불과했던 북한선교부를 주교회의 북한선교위원회로 상설 기구화하면서 북한과의 접촉을 위해 지속적인 노력을 기울이게 된다.

앞서 언급했듯이 고 마태오 신부의 방북과 파리 파견, 그리고 바티칸 대표단의 평양 비동맹회의 참가와 장익 신부의 동행 등의 성과는 북한 당국과 바티칸 당국 사이의 공식 접촉 계기로 이어져 1988년 6월 북한 가톨릭교회 재출현으로 결실을 이루어낸 것이다. 이 같은 성과는 해방 직후인 1946년 12월에 조선기독교도련맹이 만들어질 당시 평양교구장이던 홍용호 주교가 가입을 거부하고, 북한 가톨릭교회가 소멸한 이후 더 이상 북한 가톨릭교회를 대변할 창구가 없었다는 점에서 획기적인 변화였다.

3.1 조선카톨릭교협회 결성

가. 조선카톨릭교협회 결성 과정

북한 가톨릭교회 신자들은 1987년 10월에 "조선천주교인협회

(이하 협회)"를 결성할 준비와 함께 평양에 성당을 세울 계획을 함께 추진하였다고 밝혔다. 그들은 외국에서 가톨릭 성직자나 신자들이 북한을 방문했을 때, 북한 가톨릭을 대표하는 단체가 있어야 하겠다고 생각하여 김종율과 마종일 두 사람이 주동이 되어 신자들 모임을 〈민주조선〉에 냈다는 것이다.[269] 물론 이와 같은 설명은 북한 체제의 성격에 비추어볼 때 북한 당국의 조치로 이루어졌을 것이다. 1987년 6월에 바티칸 대표단이 평양 비동맹특별회의에 참가하게 되는 과정에서 이러한 필요성이 제기되었을 것이기 때문이다.

어떻든 1989년 2월에 평양 장충성당을 찾은 남해근 신부 일행이 성당 관계자들과의 대화를 통해 1987년 10월 이 협회의 출범을 준비하는 '결성준비위원회'가 조직되었고, 첫 모임에 40명의 신자들이 참석하였다는 사실 등이 확인되었다. 이에 따르면, 준비

[269] 조선천주교인협회 결성 과정에 대한 이와 같은 증언은 1989년 2월에 미국에서 한인 사목을 담당하고 있던 남해근 신부가 박창득 · 조영희 신부와 함께 LA 신자들을 인솔하여 외부에서는 첫 번째 평양 장충성당을 방문했을 때 성당 관계자들과의 대화를 정리한 내용 속에 포함되어 있다. 이 내용은 남해근 신부가 북한선교위원회에서 간행한 『화해와 나눔』 제2호(통권 43호)에 "凍土에도 싹은 살아 있다"라는 글을 기고하여, pp. 78-80까지 비교적 자세하게 정리되어 있다. 연구자는 이 글 속에 있는 내용 가운데 언급된 사실 즉, 이들이 〈민주조선〉에 신자들 모임을 공지했다는 기사를 〈민주조선〉 1987년 8월부터 10월까지 발간된 신문을 찾아보았으나 정확한 날짜를 알 수 없어서 결국 찾지를 못했다. 언젠가는 더 자세히 확인해 보아야 할 부분이다. 어쩌면 〈민주조선〉이 아닌 〈평양신문〉 또는 다른 형태의 관보 성격일 수 있어서 앞으로 이를 확인하는 작업이 보다 광범위하게 이루어질 필요가 있을 것이다.

위원회는 그 자리에서 협회장에 문창학 베드로, 부회장 리천연 바오로를 뽑고 협회 결성과 함께 성당을 짓기로 하고 모금 운동도 했다.[270] 처음 협회 설립 목적은 북한 가톨릭교회를 대표하여 북한을 방문하는 외국 성직자나 신자들과 만남을 가지고 원활한 교류를 가지는 것이었다.

이처럼 준비위원회 활동이 결실을 맺으면서 1988년 6월 30일에 조선천주교인협회(협회 명칭은 1999년에 조선카톨릭교협회로 변경되었음. 이하 현재의 명칭을 쓰는 것을 원칙으로 함)가 결성되었다. 협회는 같은 해 12월 사업 경과를 보고하는 총회를 갖고 장재철 사무엘을 회장으로 뽑고, 사무총장이었던 박경수 바오로를 성당 회장으로 임명했다. 이 협회의 결성은 한국 전쟁 이후 처음으로 북한에 가톨릭교회가 재출현하였음을 의미한다.

'협회'의 최고 기구는 4년마다 열리는 총회이다. 이 총회에서 중앙위원회 위원들과 임원들을 선출하고 있다. 중앙위원회는 1년에 네 번 모임을 갖는다. 중앙위원회에는 위원장과 부위원장이 있고, 그 아래 중앙위원이 있다. 그리고 그 산하에 조직부, 국제부 등의

---

270 위 남해근 신부의 글에 따르면 북한 신자들은 정부로부터 성당 터(남평양, 옛날 선교리 자리)와 건축 자재를 공급받았고, 나머지 비용은 신자들 모금으로 충당했다. 증언을 그대로 옮기면 "멀리 지방 신자들도 소식을 듣고, 결혼 준비금까지 보내 와서 9월 말에 완공했다."는 것이다.(남해근, 위의 글, p. 79)

활동 기구가 있다.[271] 동 협회는 회원들의 회비와 헌금으로 운영된다고 한다.[272] 협회 결성 목적은 평양방송 보도 내용에 구체적으로 나열되어 있다.

북한 평양방송은 1988년 7월 2일 동 협회 결성에 대해 발표하였다.[273] 북한 당국은 보도 내용을 통일부에 통보하였고 통일부는 남한 가톨릭교회에 보도 내용 전문을 알려 주었다. 방송 내용에 따르면, 이 협회의 목적은 ① 가톨릭 신자들의 신앙의 자유와 권익옹호, ② 신자들을 애국 애족 정신으로 교양, ③ 교인들 사이의 연합 도모, ④ 나라의 부강 발전과 조국의 자주적 평화 통일 실천, ⑤ 외국 가톨릭 신자 및 단체와의 친선 관계 발전, ⑥ 세계 평화를 위한 노력 등이었다.[274]

협회의 목적은 정치적인 것과 종교적인 것으로 양가적 성격을 지니고 있다. 외적으로 볼 때 ①, ③, ⑤항은 종교적 성격이고, ②, ④, ⑥항은 정치적 성격을 띠고 있다. 종교적 목적과 정치적 목적

---

271 협회가 결성될 때 기구표 상의 위원장은 장재철(사무엘), 부위원장 문창학(베드로), 조직부 김은주(엘리사벳), 국제부 고영희(수산나) 등이다.

272 캐나다교회협의회, "'조선민주주의 인민공화국' 방문보고," 『신학사상』제65집(1989 여름호), p. 387.

273 북한선교위원회에서 1991년에 발간한 『한국가톨릭 통일사목자료집 1』 416쪽에 평양방송에서 보도한 조선천주교인협회 결성 보도문 전문이 소개되어 있다.

274 변진흥, "민족복음화의 십자가로," 『사목』136호(1990년 5월호), p. 36.

이 교차로 나열되는 것도 목격할 수 있다. 이는 북한 당국이 종교가 종교적이면서 정치적 사명을 가져야 한다고 강조하는 모습을 그대로 나타내는 것이라 해석 할 수 있다.

결성 보도문 내용에 "각국의 가톨릭 신자 및 단체들과 연대하고 친선 관계를 발전시킨다"는 구절이 세 번 반복 강조되고 있는데, 이는 북한 당국이 가톨릭이 전 세계적으로 조직망을 가지고 있고 특히 교황청을 중심으로 활동하고 있다는 것에 초점을 맞춰 협회 설립 취지를 설명하는 듯하다. 협회 이름 역시 다른 종교 단체와 달리 '연맹'이라는 호칭을 피하고 '협회'를 선택하고 있다. 아마도 이렇게 부른 이유는 남한 가톨릭 단체 명칭과 비슷하게 맞추려는 시도의 일환이었을 것이다.

북한선교위원회 위원장 이동호 아빠스는 1989년 "침묵의 교회를 위한 기도의 날 메시지"에서 동 협회에 대해 "비록 북한의 신앙공동체가 드러나는 모습과 드러나지 않는 모습으로 나뉘어 있다 하더라도, 하나의 포도나무를 이루고 있는 것임을 그들 스스로가 깨닫고 공통의 결실을 맺을 수 있어야 한다."[275]고 언급하여 이를 북한에서 새롭게 드러나는 신앙 공동체로 간주했다. 어떻든 북한 당국은 조선천주교인협회의 출범을 뒷받침하면서 이를 공식적인

---

275 이동호, "89 침묵의 교회를 위한 기도의 날 메시지," 한국천주교주교회의 북한선교위원회, 『한국가톨릭 통일사목자료집 1』, p. 118.

가톨릭교회 단체로 위상을 정립하는 동시에, 이후 단체의 대외 활동이 공적으로 이루어질 수 있도록 시도하였다.

나. 활동

(1) 대내 활동

협회의 활동은 크게 종교적 활동과 정치적 활동으로 구분할 수 있다. 먼저 협회는 종교적 활동으로 1991년 10월에 두 권의 교리서 즉 『천주교를 알자』와 『신앙생활의 길음』, 그리고 이와 함께 『카톨릭기도서』를 출간하였다. 이 책들은 가톨릭교회를 알리기 위한 책들이며 가톨릭교회의 기도와 전례를 이끄는 핵심적인 안내서이다. 이 교리서들은 이념적 색깔을 덧붙이지 않으면서 가톨릭교회에 관하여 정확하게 서술하고 있고, 읽는 이가 쉽게 이해할 수 있도록 간결하게 쓰였다.

이 가운데 『천주교를 알자』는 장충성당 신자들 중에 엄진섭(시몬), 차성근(율리오), 김은주(엘리사벳) 등 3명이 집필한 책으로 믿을 교리, 지킬 계명, 은총을 얻는 방법, 주요 기도문을 수록한 부록으로 구성되어 있는데, 가톨릭을 쉽게 배우기 위한 교리 해설서이다.

정승현 신부는 이 교리서를 남한 가톨릭교회에서 사용하는 『상해 천주교 요리』와 비교하여 다음 네 가지 이유로 "교리서가 현재화 되었다."고 평가하였다. "첫째, 북녘 교리서는 오늘날 별로 중요하지 않은 교리문답을 과감히 생략하였다. 둘째, 중요한 교리 용어를 쉬운 말로 고쳤으며, 교리 설명도 장황하지 않고 평이하다. 셋째, 꼭 필요한 자리에 성경 말씀을 인용하였다. 넷째, 자신들의 처지에서 필요한 내용은 적절히 강조하였다."[276]

장재철 위원장은 교리서 머리말에서 "사람은 자기를 낳아 주고 키워주고 영원한 행복을 주는 원점을 알아야 한다. 그 원점을 깨닫고 수용하는데 다소나마 도움을 주기 위하여 『천주교를 알자』라는 책을 편집 · 출판했다."고 밝혔다.[277] 장재철이 머리말에서 강조한 '사람의 원점'은 가톨릭교회를 소개하는 부분에서 그 원점이 천주님이며 "천주님은 우주 만물의 창조주이시며 영원하고 절대적인 존재"[278]라는 것이다.

정승현 신부는 교리서 서문에서 교리라는 것이 하느님을 알고 인간을 아는데 그치는 것이 아니라, 하느님과 인간의 관계를 아는 데까지 나아가는 것임을 강조하고 있는 것은 매우 탁월한 식견이라고 평가하였다.[279]

---

276 정승현, "북녘 교리서를 읽고," 광주가톨릭대학교 신학연구소, 『신학전망 157호』(광주: 광주가톨릭대학교 신학연구 2007), p. 86.

277 엄진섭 외, 『가톨릭를 알자』(평양: 조선천주교인협회중앙위원회, 1991), 머리말.

278 위의 책, p. 9.

279 정승현, "북녘 교리서를 읽고," p. 87.

이 교리서는 과거의 북한 공간물인 사전에서 마르크스-레닌주의 종교관에 입각하여 이념적으로 왜곡되게 서술했던 내용을 지양하고, 가톨릭교회의 성직자들에 대해 객관적이고 사실적으로 서술하고 있다. 교리서는 교황의 교도권을 인정하는 차원에서 가톨릭이 호칭하는 "교황 성하"라는 극존칭을 그대로 사용하였다.[280] 북한에서 김일성 외에 이러한 극존칭을 사용한 것은 이례적이다. 그리고 주교와 사제의 직무에 대해서도 정확하게 서술하였다. 신자들이 사제들을 어떻게 대해야 하는지에 대해서도 자세하게 설명하였다. "신자들은 사제들을 존경하고 사랑하여야 하며 그 지도를 따르고 그들을 위하여 기도하여야 한다."[281]

교리서의 이러한 표현은 성직자와 신자 사이는 부모와 자식 사이임을 내포하고 있다. 그래서 교리서는 "교우들은 천주께 어린 양들을 위하여 하루 빨리 훌륭한 사제를 보내 주시기를 간절히 빌어야 한다."고 밝히고 있다.[282] 이는 북한 신자들은 북한 가톨릭교회에 사제가 없는 것을 아쉬워하면서 사제를 보내 주시도록 하느

---

[280] 가톨릭교회에서 예수님을 대리하시는 분은 교황 성하이시다. 교황 성하는 베드로를 계승하시고 베드로와 같이 그리스도의 대리자로서 온 가톨릭교회를 다스리신다. (엄진섭 외, 『가톨릭를 알자』, p. 51.)

[281] 위의 책, p. 185.

[282] 위의 책, p. 186.

님께 기도하고 있음을 시사하고 있다.[283]

두 번째 교리서 『신앙생활의 걸음』은 협회 국제부 소속 고영희(수산나)가 집필하였는데 가톨릭을 초보적으로 안내하는 교리서이다. 객관적으로 바라볼 때 이 교리서는 북한의 신종교 정책이 가톨릭교회에 상당한 운신의 자유를 부여하고 있음을 느끼게 해준다. 단순한 교리 전달에 그치지 않고 실제로 가톨릭교회가 운영되는 모든 사항을 간략히 총정리하면서 바티칸의 구성뿐 아니라 그동안 교회의 기반이 붕괴된 상태에서 새롭게 시작해야 하는 초보자들에게 필요한 모든 상식을 담고 있기 때문이다.

앞부분에서는 『천주교를 알자』에서 담고 있는 가톨릭 교리를 간략히 정리하고 있다. 그러나 뒷부분은 교회 상식과 기도문을 담은 부록을 통해 실천적으로 필요한 내용을 총괄하고 있다. 『신앙생활의 걸음』은 원론적 내용보다 실천적 측면을 뒷받침하고 있어 가톨릭에 입문하는 신자들을 인도하는데 아주 적절한 내용으로 구성되어 있음이 주목된다.

정승현 신부는 교리서 구성에서도 '지킬 계명편'을 예로 들면서 "남녘의 교리서는 매우 원론적 차원에 머무는데 비해, 북녘 교리서는 매우 실천적인 차원의 명령과 금령이 제시되어 있다."고 평

---

283 북한 가톨릭 신자들은 사제 파견을 희망하고 있고, 사제가 파견되어 안정을 찾아가면 더 많은 이들이 세례를 받게 될 것이며 숨어 있는 신자들도 신앙생활을 할 수 있을 것이라고 전망하고 있다.

가하였다.[284]

『신앙생활의 걸음』의 머리말은 "걸음은 실천을 위한 행동입니다."로 시작한다.[285] 그리고 "이 책에는 천주님을 공경하며 천주님의 은총을 받아 실천하는 걸음이 대행진으로 빛날 우리의 마음이 담겨져 있습니다."로 끝맺는다.[286] 단순히 하느님을 알고 믿는 것이 중요한 게 아니라 듣고, 배우고, 믿는 것을 실천해야 함을 강조하고 있다. 이런 표현은 그 믿음이 계속 북한 가톨릭교회에 이어지기를 바라는 마음을 담은 것이라 볼 수 있다.

북한 교리서는 남한 가톨릭교회의 교리서보다 하느님 나라에 대해서 더 길게 설명하고 있고 하느님 나라 건설을 위한 실천을 강조하였다. 북한 체제의 속성 상 "조직을 뚫고 들어가 교회를 선교하지 않고 신자 가정들이 자기가 일하는 매 처소에서 자기를 성화해 실천적 모범으로 사회에 대해 봉사하고 빛이 돼서 따라오도록 하는 방향으로 포교 활동을 하고 있다."[287]는 설명은 주목할 만한 부분이다. 아마도 교리서가 하느님의 나라는 하느님 사랑을 실천해 나갈 때 완성되며 현실 생활 속에서 실현이 가능하다고 강조

---

284 정승현, 앞의 글, p. 94.

285 고영희, 『신앙생활의 걸음』(평양: 조선천주교인협회중앙위원회, 1991), p. 1.

286 위의 책, p. 2.

287 조광동, "주춧돌은 세웠지만," 『화해와 나눔』 제2호(1992), p. 88.

하는 부분은 북한 사회의 특성을 반영하는 것이라 느껴진다. "이미 현실 생활 속에 실현되어 가는 하늘나라의 완성은 하느님의 자녀된 우리들이 그날이 오기를 가만히 앉아서 기다릴 것이 아니라 각자가 자기 자신과 주위로부터 인류에 대한 하느님의 사랑을 실천해 나갈 때 다가올 것이다. 주님에 대한 우리의 굳센 믿음과 실천 속에서 하늘나라는 반드시 완성될 것"[288]을 강조하는 것이다. 이는 종교 선전의 자유가 허락되어 있지 않은 북한에서는 각자 자신의 위치에서 신앙생활에 충실하면서 애국적인 실천을 해나가는 것이 하늘나라의 완성이라는 귀결이 불가피함을 보여준 것이기도 하다.

북한 교리서는 가톨릭교회 신앙생활의 핵심인 성사에 관해 남한 교리서보다 더 자세히 설명하고 있다. 정승현 신부는 그 이유를 "성사 생활을 하지 못하는 북녘 신자들에 대한 배려일 것"이라 평가하였다.[289] 남한 가톨릭교회 신자들은 자유롭게 성사 생활을 하기 때문에 자연스럽게 성사 생활을 접하고 이해할 수 있지만 북한 신자들은 성사 생활 자체를 할 수 없는 상황이기에 신자들이 성사에 대해 이해가 부족할 수밖에 없다. 그래서 교리서 저자들은 북한 신자들이 성사에 대해 더 잘 이해할 수 있도록 교리서에서

---

288 고영희, 『신앙생활의 걸음』, pp. 56-57.
289 정승현, 앞의 글, p. 95.

더 자세하게 설명하였을 것이다.

마지막으로『카톨릭기도서』는 남한 가톨릭교회에서 사용하는『가톨릭기도서』내용을 북한식 표기법에 맞춰 거의 그대로 수록하고 있다.[290] 북한의 가톨릭 신자들은『카톨릭기도서』가 발행되기 이전에는 몇몇 신자들이 가지고 있던 낡은『성교공과』를 이용하였고, 1988년 남한의 장익 신부가『미사 경본』을 기증한 이후에는 이를 사용해 왔다.[291]

이 기도서에서도 주목되는 것은 장재철 사무엘의 이름으로 되어 있는 머리말이다. 그는 머리말에서 "사람은 자기와 세상을 창조하신 천주님을 알아 공경함은 당연할진대 그러자면 반드시 가톨릭를 믿고 실천하여야 합니다."라고 하였다.[292] 이는 가톨릭교회 교리문답에서 가장 먼저 나오는 신앙고백이라 할 수 있다.[293]

---

290 하지만 이 기도서는 남한 기도서의 내용 중에서 '침묵의 교회를 위한 기도'를 삭제하였다. 그 대신, '조국을 위한 기도(p. 77)'와 '평화를 위한 기도(p. 77)를 넣고 '조국 통일 기원 미사'(pp. 508-517)를 첨부하였다. 특히 통일을 기원하는 미사는 8.15일 광복절에 행한다.

291 『통일 못자리』 8호, 1992년 8월, p. 22.

292 조선천주교인협회중앙위원회, 『카톨릭기도서』(평양: 조선천주교인협회중앙위원회, 1991), p. 1.

293 1문. 사람이 무엇을 위하여 세상에 났느뇨? 답. 사람이 천주(天主)를 알아 흠숭(欽崇)하고, 자기 영혼(靈魂)을 구하기 위하여 세상에 났느니라. 2문. 사람이 천주를 흠숭하고, 자기 영혼을 구하려면 반드시 어떻게 할 것이뇨? 답. 사람이 반드시 가톨릭를 믿고 봉행할지니라. 가톨릭교리문답

더 나아가 그는 "신앙생활"을 잘하자고 여러 차례 강조하였다.

"우리가 이 책을 단순히 출판하였다고만 생각하지 말고 지난 시기 우리의 신앙생활의 열매를, 앞으로 우리의 신앙생활의 굳은 의지를 담은 결의서를 천주께 드린다고 생각해야 합니다. 모두 다 신성한 기도를 통하여 자신의 신앙생활을 진실하게 하여야 합니다. 모두 다 신성한 기도를 통하여 자신의 신앙심을 순결하게 지켜야 합니다. 우리의 거룩하고 성실한 신앙생활은 영원히 빛나 이어질 것입니다."[294]

그는 기도서 머리말에서 신앙생활을 강조하면서 북한에서 신앙 공동체가 유지되고 존속과 발전을 위해 노력해야 할 것임을 시사하고 있다.

그 외에도 천주교인협회 중앙위원회 명의의 『선택과 실천』[295]이라는 소책자를 간행하였다. 이 소책자는 신자 교육용으로 제작된 것으로 보이는데 민족 통일의 당위성과 고려 연방제 통일 방안의 정당성을 성서에 근거하여 설명하고 있다. 북한의 가톨릭신자들은 기독교도련맹에서 발간한 공동 번역본 성경을 사용하였

---

[294] 조선천주교인협회 중앙위원회, 『카톨릭기도서』, p. 1.
[295] 이 책은 북한의 통일 정책에 대한 신자들을 위한 교육용으로 12쪽 분량의 소책자이다.

다. 하지만 남한 성직자들이 평양 장충성당을 방문할 때 남쪽에서 간행된 공동 번역 성서를 전달하였고, 2011년에 평양 장충성당을 방문한 김희중 대주교는 2005년에 한국천주교 주교회의 성서위원회에서 새로 간행한 성경을 전달한 바 있다.

물론 이 협회는 종교적 활동 뿐 아니라 정치적 활동도 하고 있다. 타 종교 단체와 마찬가지로 이 협회의 활동 중에서도 두드러지는 것은 정치적 성향의 성명을 발표하는 것이다. 1988년 8월 20일자 로동신문은 남한 대학생들 주도하에 열릴 예정이던 ‘8·15 남북학생회담’과 ‘국토종단 순례대행진’이 경찰의 철저한 봉쇄로 무산된 것에 대해 비난 성명을 발표하였다. 이 성명서는 24개의 정당·사회 단체가 공동으로 발표하였는데 조선천주교인협회도 연명하였다. 이 연명을 통해 조선천주교인협회의 공식 명칭이 북한 매체에서 최초로 확인되기도 했다.

이외에도 독자적으로 성명서를 발표하기도 하였다. 1989년 1월 10일에 장재철은 "사상과 리념, 제도와 신앙의 차이를 초월하여 조국 통일을 실천하자"는 내용으로 김일성의 신년사를 실현하기 위한 지지 내용의 성명서를 발표하였다. 김일성은 그해 신년사에서 연방제 통일 방안을 합의하기 위해 남한의 4당 총재들과 김수환 추기경, 문익환 목사, 백기완 선생 등을 평양에 초청한다는 내용을 발표하였다. 이 맥락에서 볼 때 장재철 회장이 이 협회의 이름으로 담화문을 발표한 목적은 신년사에 언급된 대표들 중에 김수환 추기경이 포함되어 있다는 점에 직접 연결되어 있다고 볼 수 있다.[296] 서울대교구 교구장이며 평양교구 서리 김수환 추기경은 "그 협회는 정치 집단이지 교회가 아니다. 다만 현실적으로 정치 도구이긴 하나 가톨릭 문제에 영향을 미치고 있다는 현실 자체를 무시할 수 없으므로 그들을 도외시 할 수만은 없다."[297]고 평가했다. 그는 이 협회가 국가 통제를 받고 있으며 정치적인 도구로 이용되지만, 다른 한편으로는 종교적인 활동을 하고 있음을 의식하는 이중적 태도를 취하였다.

(2) 대외 활동

협회는 설립 이후 점차적으로 대외 활동을 늘려갔다. 1989년 협회는 중국 가톨릭교회를 방문하였다. 중국 가톨릭교회는 북한 신자들에게 성당의 설계 도면을 제공해 주었다. 협회 설립 초기에는 장재철을 비롯한 협회 관계자들이 거의 매년 중국 가톨릭교회 초청을 받아 중국을 방문했다. 이들은 주로 북경 성당을 방문했지만, 1991년에는 김대건 신부가 서품을 받은 상해 김가항 성당을

---

[296] 한국 가톨릭교회 통일사목연구소, 『카톨릭 교회와 민족 복음화: 통일사목의 진로와 전망』(서울: 日善企劃, 1990), pp. 331-332.

[297] 김수환 추기경, "한국 교회, 사목자의 평양 파견 모색해 왔다," 『화해와 나눔』 제 1호 (1991), p. 16.

순례한 바가 있다.

이 시기에 이들은 중국 가톨릭교회를 방문하여 중국 가톨릭교회의 현황을 파악하기 위해 노력했고, 중국 '애국회'나 중국 '가톨릭교무위원회' 등 중국 가톨릭교회의 특이한 제도에 관해서도 문의하였다.[298] 중국의 '애국회' 형식을 도입하려는 의도를 보이기도 했다. 중국 '애국회'처럼 로마 교황청으로부터 독립적인 가톨릭 단체를 세우기 위해 자체적으로 사제를 양성할 계획을 가지고 있었기 때문이다.

장익 주교는 "북한 당국은 독일이 통일되기 전에 동독에 북한 간부를 보내어 신학생을 유학시켜 2~3년 만에 속성으로 사제를 만들어줄 것을 요청하였다. 동독 가톨릭교회는 이를 로마에 보고하였고, 로마는 남한 가톨릭교회에 이 같은 사실을 알렸다. 하지만 동독 가톨릭교회는 북한 당국에 신학생을 양성하는 것은 어렵다고 통보하여서 이 계획은 무산되었다."고 증언하였다.[299] 뿐만 아니라 협회 관계자들은 1992년 4월 중국 천주교 주교단 단장인 종화이더(宗懷德)주교가 여섯 명의 가톨릭 인사들과 함께 북한을 방문하였을 때 사제 양성을 위해 북경 신학교에서 공부를 할 수

---

[298] 맹제영, "현대 중국가톨릭교회에 관한 소고," 『가톨릭 신학과 사상』제14호(서울: 가톨릭대학교출판부, 1995), pp. 308-309.

[299] 장익 주교 인터뷰 내용.

있게 해달라고 요청하였다. 하지만 종화이더 주교는 당시 평양교구 서리인 김추기경의 허락을 받을 것을 요구하면서 이 요청을 거절하였다.[300]

북한 신자들이 중국 애국회와 접촉을 가지고 사제서품을 위한 유학 대상지로 중국 신학교를 선택한 것은 중국 가톨릭교회처럼 교황청과 분리되어 독자적인 교회를 설립하려는 의도를 가졌다고 볼 수 있다. 하지만 이러한 계획은 중국 교회의 비협조로 좌절되었다. 홍콩이나 일본에도 이와 같이 요청하였지만 모두 거절당했다.[301]

협회는 결성 후 일본 가톨릭교회와도 교류를 시작했다. 1992년 3월에 평양 장충성당을 방문한 일본 가톨릭교회 나고야마 교구장 소마 노부오(相馬信夫) 주교와 접촉을 갖게 된 협회는 소마 주교의 초청으로 1993년 4월 19일부터 1주일 동안 일본 동경 방문을 성사시켰다. 대표단의 동경 방문은 중국 이외의 해외 방문은 처음이었기에 주목을 받았다. 장재철을 단장으로 하여 차성근, 김유철,

300 가톨릭신문 1995년 10월 8일. 한국기독교역사연구소 북한교회사 집필위원회, 『북한교회사』, p. 489 재인용.

301 바티칸에서는 북한 당국이 여러 나라에 사제 양성을 요청할 때마다 '우리에게 보내주면 장학금으로 공부시켜 주겠다.'고 제의했지만, 북한 당국은 응하지 않았다. 김수환 추기경은 "한국 교회, 사목자의 평양 파견 모색해 왔다"라는 글을 통해 남한 교회와 바티칸은 이러한 북한 당국의 태도를 보면서 중국의 '애국회'와 같은 종교 단체를 만들고자 시도한다고 의심하였다고 밝혔다.

한인철 등 4명으로 구성된 대표단이 일본을 공식 방문한 것이다.

협회의 대외 활동은 중국과 일본 가톨릭교회와 교류를 거쳐 마침내 1995년에 남한 가톨릭교회와 미국에서 첫 만남을 갖게 된다. 1995년 10월 미주 교포 사제 및 신자들이 주관한 이 만남은 남·북·해외 교포 가톨릭 신자들이 '민족의 화해와 일치'를 대주제로 하여 뉴욕에서 세미나를 가지는 형태로 이루어졌다. 남북 분단 이후 50년 만에 남·북·해외 교포 가톨릭 신자들이 만나 세미나를 가진 이 행사에 남쪽에서는 서울대교구 민족화해위원회(이하 서울대교구 민화위) 위원장 최창무 주교 등 7명, 북쪽에서는 조선천주교인협회 장재철 위원장과 차성근 평양 장충성당 회장을 비롯한 5명, 미주 교회에서는 박창득 신부를 비롯한 5명이 참가하였다. 서울대교구 민화위 위원장 최창무 주교와 조선천주교인협회 장재철 위원장은 이 모임을 통해 처음으로 접촉을 갖는다. 이후 최창무 대주교는 이를 회고하면서 "남북 분단 이후 남북 가톨릭 대표가 첫 공식적인 만남을 가진 것"이라 평가하였다.[302]

세미나에 참석했던 북측의 차성근 회장과 장재철 위원장은 "주교님을 처음 뵙는다."면서 영광스럽게 생각한다고 하였다.[303] 세

---

302 최창무 대주교 인터뷰, 2017년 11월 14일, 광주광역시 소재 광주가톨릭평생교육원.

303 이윤자, "남·북·해외 가톨릭 신자 세미나 참가기: 첫 단추는 꿰어졌다," 평화문제연구소, 『통일한국』 147권(1996), p. 68.

미나는 양측 대표 두 명이 '조국 통일을 위한 가톨릭 신자들의 역할'과 '남북 해외 가톨릭 신자의 연대 강화 방안' 등의 소주제로 주제발표와 토론을 하였다. 세미나는 원활한 진행을 위해 비공개 형식으로 진행되었다.[304] 마지막 날 세미나에 참석했던 대표들은 "민족의 화해와 일치로 조국의 평화 통일을 위해 민족 공동으로 노력하며 가톨릭 신자들이 자주 만나 연대를 굳게 하자."는 취지의 성명서를 발표하였다.[305]

이 세미나 이후 서울대교구 민화위와 조선카톨릭교협회는 2000년까지 총 7차례에 걸쳐 계속 접촉을 이어갔다.[306] 제2차 남북 가톨릭 신자 접촉은 1997년 6월 중국 북경에서 이루어졌다.

제3차 남북 가톨릭 신자 접촉은 1998년 3월 북경에서 이루어졌는데, 남측이 옥수수 3천 톤과 비료 1천 톤을 지원하기로 약속하였다. 그리고 양측은 다가오는 주님 부활 대축일에 남과 북 그리고 해외에서 동시에 평화 통일 미사를 봉헌할 것을 합의하였다.

제4차, 5차 남북 가톨릭 신자 접촉은 각각 1998년 7월과 9월에 중국 대련에서 이루어졌는데 이때 중요한 합의가 이루어졌다. 서

---

304 이윤자, 위의 글, p. 67.
305 이윤자, 위의 글, p. 66.
306 서울대교구 민족화해위원회는 2000년 이후에도 2007년까지 매년 방북을 성사시켜 1998년부터 2007년까지 10년 동안 총 19회의 방북과 평양 장충성당 방문을 기록했다.

울대교구 민화위는 북한의 아시아태평양평화위원회(이하 아태위원회)와 2000년까지 옥수수 1만 톤을 지원하기로 하고 옥수수 지원 시 모니터링과 식량 도착 및 배급 과정에 대한 사진 촬영을 허용하는 내용의 합의서 및 의향서를 교환하였다.

이후 남북 가톨릭 신자들은 1999년 4월과 5월에 그리고 2000년 3월에 접촉을 가졌다.[307] 이후 협회는 현재까지 해외 가톨릭 단체를 비롯한 남한 가톨릭교회 단체와 다양한 방식으로 교류를 진행해 왔다.

3.2 장충성당 건립과 신앙생활

가. 장충성당 건립 과정

북한 당국은 조선천주교인협회 준비위원회를 조직하면서 동시에 성당의 건립을 추진하였다. 처음에는 평양지역 신자들만으로 준비위원회를 구성하였으나, 협회 결성과 성당 건립을 동시에 추진한다는 소식이 〈민주조선〉을 통해 보도되면서 남포, 원산, 함흥, 개성, 신의주 그리고 강계 등 전국에 산재한 8백여 명의 가톨

---

307 김대민, "카톨릭 대북지원 활동의 현황," 민주평화 통일자문회의 종교분과위원회 7차 회의, 2002. 4. 25.

릭 신자들로부터 성당 건립을 위한 금품이 답지하였다.[308] 1987년 이전부터 나이 많은 신자들이 비공개적으로 모금을 해왔다는 말도 있지만, 이는 과장된 것 같다. 협회 위원장인 장재철도 자신의 어머니가 성당 건립에 써 달라고 평생 모아 놓은 재산을 유산으로 남겼다고 말한 바 있다.[309]

북한 당국은 전쟁 전 대신리성당[310] 터와 건축 자재를 제공하였고, 공사는 1988년 3월에 시작하였다.[311] 성당 터는 약 500평, 공사비 30만 원이 들었는데 신자들이 20만 원을 모금하고 정부에서 10만 원을 보조해 주었다.[312] 성당은 1988년 10월 9일에 완공되었다.[313]

협회는 1991년에 성당 미사 시간과 성당에 관해서 소개하는 홍보물을 한글과 영어 혼용 형태로 제작하였다. 그 홍보물에는 "아

---

308 "평양 장충성당 신자와의 만남(1)," 『통일못자리』 7(1992. 7), p. 24; "평양 장충성당 신자와의 만남(3)," 『통일못자리』 9(1992. 9), pp. 29-30.

309 조재길, "기다리며 지켜온 신앙," 『화해와 나눔』, 제2호 통권 43호, p. 90.

310 대신리 본당 1934년 2월 15일 설립되어 1949년에 폐쇄되었다. 설립 당시의 명칭은 선교리 본당이었다. 『한국가톨릭대사전3』, p. 1627.

311 남해근, "동토에도 싹은 살아 있다," 『화해와 나눔』, p. 79; 최재영 목사가 옛날 대신리 성당 터임을 확인하였다. "북한 교회를 가다. 장충성당편," NK 투데이 참조.

312 남해근, 위의 글, p. 80.

313 김현욱, "북녘의 정하상 후예," p. 84. 평양 장충성당은 1989년 세계청년축전을 불과 몇 개월 앞두고 건립이 되었기 때문에 세계청년축전에 오는 외국인 및 관광객을 위해 건립되었다는 주장도 있다. 이 주장은 충분히 개연성이 있다.

름다운 도시 평양에 자리잡은 장충성당, 우리 주 예수 그리스도에 대한 굳센 믿음의 상징마냥 일어선 성당은 천주님을 만유우에 높이 공경하려는 우리 신자들의 힘에 의하여 1988년 3월말에 착공하여 불과 6개월이라는 짧은 기간에 완공되었다. 연건축 면적은 2,000m²이고 수용 능력은 200명 정도이다. 오늘 장충성당은 북반부천주교인들의 신앙생활의 거점으로 되고 있다."고 밝히고 있다.[314]

협회의 국제부 담당자 고영희는 북한에서는 어느 가정에서나 김일성을 하느님처럼 믿고 있지만, 자신은 "천주님을 믿고 있고 교황님을 모시고 있다."고 대답하였다.[315] 그의 이러한 표현은 북한에서 가톨릭 신자로 신앙생활하면서 겪는 갈등과 어려움이 있을 수밖에 없고 또한 이를 감수할 수밖에 없음을 보여 준다.

나. 구조와 형태

장충성당은 부지 2,000m², 건평 1,852m²로 평양의 옛 선교리인 대동강 동남측 주거 지역에 위치하고 있는 북한 내 유일한 성당이

---

314 한국가톨릭통일사목연구소, 『가톨릭교회와 남북교류』(서울: 사람과 사람, 1992), p. 277. 여기서 다시 주목되는 것은 북한에서는 김일성 외에 어느 누구도 공경의 대상이 될 수 없는데, 공식적인 홍보물에 천주님을 만유우에 높이 공경한다는 표현을 쓰고 있다는 것이다.

315 조광동, "주춧돌은 세웠지만," 『화해와 나눔』제2호(1992), p. 89.

다. 열주(列柱)에 의한 내부 공간의 분절이 없는 강당형 건물로 250석 규모 회중석에 제단, 제의실, 성가대석, 고해소, 각종 성화와 성물 등을 고루 갖추고 있다. 전면 중앙 출입구를 아치탑 형태로 강조하고, 외벽은 매 칸마다 기둥과 아치창으로 구성되어 있다.[316]

장충성당은 남한 가톨릭 성당들과 같은 형태로 건축되어 있다. 성당 구내에는 사제관이 있고 협회 사무실이 마당 옆 같은 구내에 있다.[317] 성당 내부 구조는 제대가 놓여 있고 제대 전면 벽에 커다란 예수 그리스도의 성화가 걸려 있으며, 감실이 마련되어 있다. 예수의 십자가의 길을 상징하는 십사처상이 성당 내부 벽 둘레에 걸려 있고, 제단 양 옆으로 예수의 어머니 마리아의 성화와 아기 예수를 안고 있는 요셉의 성화가 각각 걸려 있다.

한 가지 특기할 사항은 처음 성당이 건립되었을 때는 성당 제대가 놓여 있는 정면에 예수 성심 성화 위에 둥근 태양 모양의 조각이 부조되어 있었다는 점이다. 그 문양은 마치 태양을 형상화한 것처럼 보였다. 그래서 1990년에 북한을 방문한 조재길 기자가 그 문양을 보고 주체사상이나 태양을 상징하는 것이 아니냐고 관계자에게 물었는데, 이 관계자는 "주체사상이나 태양을 상징했

---

316 김유철, "평양에도 하느님은 있다," 『가톨릭뉴스 지금여기』, 2013. 10. 21.
317 북한 가톨릭 신자들은 북한을 방문하는 외부 사제나 신자들에게 사제관에 사제를 모시고 싶다고 표현하고 있다.

다는 것은 오해이다. 성모님을 상징하는 매괴화를 형상화한 것이다. 성당을 건축할 때 신자들이 회의한 결과, 우리 성당은 성모님을 특별히 공경하기로 했다. 제대 뒤의 문양은 물론 성당 전면의 유리와 좌우의 화강암에 새긴 조각도 모두 매괴화를 상징한 것"이라 답변하였다.[318] 이 말은 장충성당이 성모 마리아를 주보성인으로 한다는 것을 의미한다.[319]

  1991년 이후 그 문양은 철거되어 없어졌지만 그 문양이 갖는 의미가 크다. 첫째, 만약 그 문양이 북한 신자들이 말한 것처럼 성모 마리아를 상징하는 매괴화라면, 북한 신자들이 성모 마리아를 상징하는 매괴화를 알고 있었음을 말해 준다. 이 말은 그들이 구교 신자들이라는 증거이며 어느 정도 신앙 지식을 갖추고 있고, 성모 마리아에 대한 신심을 지니고 있음을 증명해 준다.[320] 둘째, 만약 그것이 김일성을 상징하는 태양이었는데 철거했다면, 주체사상과 김일성을 절대시하는 북한 사회에서 큰 변화라 할 수 있다.

  실제로 차성근 장충성당 회장은 방문자들이 이에 대해 물었을

---

318 조재길, 『북한은 변하고 있는가: 북한취재기』(서울: 삼민, 1990), p. 126.

319 조선가톨릭여성연맹위원장 리산옥은 "장충성당은 성모마리아 성당"이라고 밝혔다. http://mirinesilver.com/bbs/zboard.php?id=freeboard&page=4&sn1=&divpage=2&sn=off&ss=on&sc=on&select_arrange=vote&desc=asc&no=4879. (검색일 2018년 1월 20일).

320 매괴화는 장미과 꽃으로 가톨릭에서는 예수의 어머니 마리아를 상징하는 꽃이다.

때 "정말 주석님을 상징한 것이라면 우리가 마음대로 철거할 수 없습니다."라고 답했다. 이런 모습은 북한 당국이 장충성당의 종교적 입장을 존중하고 충실하려는 태도를 보여준 것이다. 그리고 성당 안에서는 누구도 김일성과 김정일 배지를 달지 않고 있는데, 이러한 행위는 북한 사회에서는 용인될 수 없는 상황이다. 하지만 이렇게 성당 안에서 신자들이 배지를 달지 않는 것은 북한 당국이 성당 내에서 종교의 자율성을 인정하고 있다는 증거다.[321]

다. 장충성당의 신자 현황과 신앙생활

장충성당이 건립되기 전까지 북한 교회 신자들은 공개적으로 신앙생활을 하지 못하고 있었지만, 해방 이전에 외우고 있었던 기도문을 그대로 사용하면서 가정에서 나름대로 신앙생활을 하고 있었음을 보여 주었다.[322] 하지만 장충성당이 건립 된 후 북한 전역에 흩어져 비밀리에 신앙생활하던 가톨릭 신자들이 장충성당에서 관리하는 세례대장에 등록되었다고 한다.[323] 성당에 나오는

---

[321] 김일성·김정일 배지를 달지 않는 모습은 인터넷에 올라와 있는 장충성당의 미사 장면들을 통해서 쉽게 발견된다. 그리고 장충성당을 방문한 많은 이들의 증언이 있고, 본 연구자가 방북 시 이를 확인하였다.

[322] 제2차 바티칸공의회 이후 가톨릭에서 사용하는 기도문에 변화가 있었는데 북한 교회 신자들은 이런 사항에 대해서는 아직 모르고 있었다.(장익, 앞의 글, p. 78 참조.)

[323] 세례대장은 가톨릭 신자가 세례를 받은 후에 인적 사항을 적어두는 기록 문서이다. 세례대장의 중요한 사항은 본인의 이름과 세례명, 소속 교구와 본당, 세례 장소, 세례

신자는 큰 축일 때는 200명, 평소에는 70~80명이다. 그중에서도 꾸준하게 나오는 사람은 모두 300명 정도로 알려져 있다.[324] 장충성당은 이들이 다시 공개적으로 교회에서 일치를 이루고 신앙생활을 할 수 있는 계기를 마련해 준 것이다. 조선천주교인협회는 결성 이후 지방 조직을 확대하면서 전역에 산재한 신자들을 찾는 데 역점을 두고 사업을 추진하였다.

이 신자 찾기 사업은 큰 성과를 거두어 1988년 11월에는 8백 명에 불과하던 신자가 1991년 3월에는 1,258명(김현욱과 박관용 의원이 IPU 평양총회 참석차 평양 장충성당 방문 시 확인), 1995년 2월에는 3,005명(1995. 2월 가톨릭 신자협회 장재철 위원장 방미 시 발언)으로 급증하였다. 특히 1995년에는 가톨릭 측의 신자 찾기 사업에 북한 당국이 적극 협조하여 동년 1월에는 북한 당국이 천주교를 믿는 사람이 있으면 나서라는 공문을 말단 행정 조직인 인민반까지 내려 신자를 찾은 적이 있다고 한다.[325]

집전자, 부모와 대부모 등을 적는다. 광주대교구 교구장 김희중 대주교는 2011년 장충성당을 방문했을 때 세례대장을 확인하고 사진을 찍어 왔다. 김희중 대주교 인터뷰, 2017년 11월 14일, 광주광역시 소재 광주가톨릭평생교육원.

324 최세영,「북한 교회를 가다. 장충성당편」, NK 투데이 참조.
리산옥은 "신도의 대부분이 여성이다"며 "여성 신도가 70%에 이른다"고 밝혔다. http://mirinesilver.com/bbs/zboard.php?id=freeboard&page=4&sn1=&divpage=2&sn=off&ss=on&sc=on&select_arrange=vote&desc=asc&no=4879. 검색일 2018년 1월 20일.

325 『평화신문』, 1995년 5월 14일자.

〈표 2〉 가톨릭 신자 찾기 사업의 진전 상황[326]

일시	신자 수	출처
1988. 11	800명	1988년 11월 북한을 방문한 캐나다교회 남북한 방문단에게 '천주교인협회' 문창학 부위원장이 밝힘
1989. 12	약 1,200명	1989년 12월 북한을 방문한 중국 〈이 차이나 메시지〉의 장상뢰 신부 등의 보고. 1990년에 북한을 방문한 조재길[327]과 1991년 4월에 방문한 조광동[328]의 증언
1991. 3	1,258명	1991년 5월 북한을 방문한 김현욱, 박관용 의원에게 '천주교인협회' 간부가 밝힘
1993. 4	약 3,000명	1993년 4월 일본에서 '천주교인협회' 대표단이 밝힘
1995. 1	3,500명	1995년 2월 '천주교인협회' 장재철 위원장이 미국에서 〈평화신문〉 기자와의 회견 중에 밝힘
2014. 4	약 3,000명	2014년 4월 최재영 목사 평양 방문 시 장충성당 회장과 인터뷰

출처: 조관호, "평양성당에서의 감격의 눈물," 〈생활성서〉 1988. 12; "The North Korean Catholic Church"; 김현욱, "평양 장충성당 신자와의 대화," 『한국가톨릭 통일 사목자료집 1』, p. 243; 변진홍, 『평양에 부는 바람』, p. 201; 평화신문 1995년 2월 12일자; 최재영, 「북한 교회를 가다. 장충성당편」, NK 투데이 참조.

앞에서 언급하였듯이 해방 당시 북한 지역 가톨릭 신자는 52,000명 정도로 추산된다. 이 가운데 한국 전쟁 전후 북한 당국의 탄압으로 많은 신자가 죽거나 월남하였다. 장충성당이 설립되기

---

326 한국기독교역사연구소 북한교회사 집필위원회, 『북한교회사』, p. 486.

327 조재길은 1990년 이후 취재차 3차례 북한을 방문하였다. LA 코리안스트릿저널 발행인. 2007년 미국 세리토시 시의원. 2010년 세리토시 시장 등을 역임하였다.

328 조광동, 『더디 가도 사람생각 하지요』, p. 189.

전까지 북한 지역에 남은 신자 가운데 절반 이상이 사망하였을 것이다. 또한 반종교 선전 기간 동안 신앙을 포기했을 가능성을 고려하면 가톨릭 신자는 북한 가톨릭 단체가 주장하는 숫자인 3천 명 정도가 잠정적으로 존재할 것이라 추정된다. 협회는 1995년 초까지 덕원·원산, 남포, 황남, 평남지구 등 4개 지구로 전국 조직을 완성하였다. 전국적으로 지구 조직을 건설하는 일은 신자들이 집중된 지역에 공소를 세우려는 시도이다.[329]

그러나 기존의 신자를 찾아내 조직화하려는 시도 외에 적극적인 선교 활동을 통해 새로운 신자를 발굴하려는 노력은 거의 이루어지지 못하는 실정이다. 장충성당 신도 회장 차성근 율리오의 다음과 같은 말은 북한 가톨릭교회의 현실을 잘 보여 준다. "현재로서는 교회 활동 무대가 제한되어 있습니다. 북반부 체제하에서는 모든 사람이 관리 조직에 있습니다. 그 조직을 뚫고 들어가 교회를 선교하지는 않습니다. 현 단계에서는 신자 가정들이 자기가 일하는 매 처소에서 자기를 성화해서 실천적 모범으로 사회에 봉사하고 빛이 돼서 따라오도록 하는 방향으로 포교 활동을 하고 있습

---

[329] 『평화신문』 1995년 5월 7일자, 5월 14일자, 한국기독교역사연구소 북한교회사 집필위원회, 『북한교회사』, p. 486 재인용. 공소는 본당(本堂)보다 작은 교회 단위를 의미하지만, 때대로 공소 교우들의 모임 장소인 강당을 가리키는 말로 사용되기도 한다. 공소에는 신부가 상주하지 않기 때문에 미사가 집전되지 못하고 대신에 공소 회장을 중심으로 공소 예절을 거행하고 있다. 한국교회사연구소, 『한국가톨릭대사전』, p. 103.

니다."³³⁰ 신자들은 해방 전에 세례를 받은 신자들이 대부분이고 고령자가 많다. 북한에서 새로운 신자들을 세례 시키는 것은 어려운 일이다. 그리고 2세들에 대한 전교는 더욱 어렵다고 토로하고 있다.³³¹

하지만 1990년대에 들어서면서 새로운 세례자들이 생겨나기 시작하였다. 1991년 4월 고종옥 신부는 재차 평양을 방문하고 열흘간 머물면서 세 명의 신자에게 세례를 베풀었다.³³² 그리고 성당 회장이던 박경수가 21명에게 대리 세례를 준 사실이 확인되었고,³³³ 강지영(바오로, 현재 협회 위원장)도 차성근에게 세례를 받았다.³³⁴ 주교회의 북한 선교위원장 이동호 아빠스는 몇몇 신자들이 친척 방문 형식으로 중국에 왔다가 비밀리에 세례를 받거나 고해

330 조광동,『더디 가도 사람생각 하지요』, p. 182.

331 조재길, 앞의 글.

332 고 마태오,『평양의 장충성당에서』(서울: 빛들. 1991), pp. 30-31. "자녀들의 종교 교육과 영적 사정을 소홀히 하는 요즘 이곳 북미를 비롯한 세상의 풍조에서 볼 때 신앙생활이 자유롭지 못한 북한 땅에서 대세를 통해 자녀들에게 영생을 보장하는 신앙을 전수한 그들 부모의 신앙심 앞에 사제로서 존경의 정을 느끼지 않을 수 없었습니다." 김현욱, "평양 장충성당 신자와의 대화," 한국천주교주교회의 북한선교위원회,『한국가톨릭 통일 사목자료집 1』, p. 245.

333 김현욱, "평양 장충성당 신자와의 대화," p. 245.

334 1998년 장충성당을 방문했던 최창무 주교가 강지영이 차성근에게 세례를 받았다고 증언하였다. 한국가톨릭 주교회의 회보, '제3차 민족화해 주교특별회의,' 1998년 7월 1일, 참조. 문규현 신부는 1989년 평양에 방문했을 때 강지영은 가톨릭 신자가 아니었다고 밝혔다.

성사를 받고 가는 이들도 있다고 밝혔다.[335] 이처럼 북한 신자들은 부모로부터 자신도 모르게 대세를 받았거나 이 시기에 북한을 방문한 사제들로부터 정식 세례를 받은 경우가 있고, 장충성당 내에서 평신도인 성당 회장들이 자체적으로 세례를 주고 있는 실정이다. 처음 성당이 건립 되었을 때는 교회 간부들이 신자들을 찾아다녔지만 나중에는 신자들이 되겠다고 자발적으로 찾아오는 사람들도 많아졌다고 한다.[336]

1990년대에 새롭게 세례를 받은 장충성당 신자들 가운데 일본과 중국의 주교들에게 견진성사를 받은 사실도 확인되었다.[337] 1992년 3월 24일부터 3월 28일까지 일본기독교협의회 대표단과 함께 옵서버 자격으로 북한을 방문했던 일본 가톨릭 나고야교구의 소마 주교가 평양의 장충성당을 찾아 견진성사를 주었다.[338] 이 견진성사는 남북 분단 이후 처음으로 북한에서 이루어졌다. 1992년 4월 중국 주교회의 의장 종화이더 주교를 비롯해 7명의

---

335 이동호 아빠스, "북한주민, 중국서 세례 받는다," 『화해와 나눔』, 1992, p. 148.
336 최재영, 앞의 글.
337 견진성사는 칠성사 중에 하나인데 가톨릭에서 세례를 받은 신자에게 세례성사를 완성 시키는 성사이다. 견진성사를 거행하는 권한은 주교에게 있고, 주교가 권한을 위임한 사제도 가능하다.
338 박완신, 『북한종교와 선교통일론』(서울: 지구문화사, 1994), p. 155. 당시 평양교구 서리였던 김수환 추기경은 소마 주교에게 북한 신자들에 대한 접근 및 성사 집전에 있어서 보다 신중하게 처신할 것을 요청하였다.

중국 가톨릭교회 인사들이 처음으로 북한을 방문하였을 때에도 그들은 10일간 북한에 머물면서 평양 장충성당에서 신자들을 대상으로 교리를 가르치고 주님 부활 대축일 미사를 집전하고 견진성사를 집전하였다.[339] 이와 같은 사실이 북한의 신문과 방송에 보도되자, 협회가 조직된 이후에도 여전히 숨어 지내던 신자들 다수가 안심하고 새롭게 나타났다고 한다. 이때 중국 대표단이 만난 신자들은 300명 정도였다.[340]

평양 장충성당 관계자들은 외부 방문객들이 교세를 묻는 질문에 대략 다음과 같이 답하고 있다. 즉 평양 지구 외에도 전국 각지에 공동체를 형성하고 신앙생활을 하고 있다는 것이다. 평양 중심으로 조직된 '평양지구', 강원도 원산지역을 중심으로 만든 '동해지구', 평안도와 황해도지역을 중심한 '서해지구'로 나누어 각자 신앙생활을 하고 있으며, 그중에 서해지구가 변함없이 가장 우세하다고 한다.[341] 각 지구마다 가정 예배처소가 있고, 주일이면 가정 교회로 모여서 묵주기도를 드리고 성경을 공부하는데, 평소에

---

339 맹제영, "현대 중국가톨릭교회에 관한 소고," p. 309.

340 맹제영, 위의 글. pp. 308-309. 중국의 종화이더 주교는 차관급 대우를 받았으며, 당시 북한의 부총리를 만나는 자리에서 가톨릭 교리의 특성과 가톨릭가 인민(人民)에게 미칠 수 있는 긍정적 영향을 설명했다. 그러나 북한 당국자들은 외국인 종교를 매개로 하여 북한 사회에 들어와 북한 사회를 장악하게 됨을 경계한다고 하였다. 맹제영, p. 309.

341 최재영, "북한 교회를 가다. 장충성당편."

도 신자들끼리 모여 묵주기도와 다른 기도도 드리고 공부도 한다고 한다. 협회는 지구에 속한 신자들을 위해 남포와 원산에 조만간 공소를 세울 예정이라고 한다.[342]

장충성당이 건립되기 전 북한 신자들은 한곳에 자유롭게 모여서 예절이나 기도 생활을 할 수 없었지만, 장충성당이 세워진 후에는 신자들이 성당에 모여 공개적으로 신앙생활을 할 수 있게 되어 대축일 때는 200명 정도 참석하고 평소에는 70~80명이 참석한다고 한다.[343] 물론 이 부분에 대해 장충성당 자체를 부정적 시각으로 바라보면서 신자들을 동원된 신자로 보기도 한다. 그렇지만 이러한 시각은 북한 사회주의 체제의 속성을 염두에 두지 않고 외부적 관점만 투영시키는 것이다.

보다 중요한 사실은 중국의 경우 처음에는 애국 교회에 대해 비판적이었으나 중국 사회의 개방화가 진전되면서 중국 가톨릭교회의 정체성에 대한 이해의 폭이 확대된 것처럼 북한도 중국처럼 자체 내 변화 가능성을 찾는 것이 중요하다고 보여진다. 그렇다면 지금으로서는 외부 시각에서 판단을 앞세워 비판을 가하고, 외부로부터의 영향을 미치려 하기보다는 그 모습을 조용히 지켜보면

---

342 최재영, "북한 교회를 가다. 장충성당편."

343 일요일 예절에 참석하는 남성 신자들은 양복을 입고, 여성들은 조선옷을 곱게 차려 입고 온다. 특히 여성들은 하얀 미사포를 머리에 쓰고 미사에 참석하고 있다. 최재영, "북한 교회를 가다. 장충성당편." NK 투데이.

서 변화 방향을 확인하고 진로를 가늠하는 것이 더 중요하겠다.

가톨릭교회의 경우에는 사제가 있어야 미사를 집전할 수 있다. 장충성당에는 사제가 없기 때문에 평신도인 성당 회장이 미사 대신 공소 예절을 주례하고 있다.[344] 공소 예절은 사제가 없을 경우 평신도가 성찬 전례를 생략하고 말씀의 전례로만 진행하는 전례의 한 형태이다. 실제로 장충성당에서는 성당 회장의 주례로 매주 일요일 오전 10시에 공소 예절을 진행한다. 사제만 할 수 있는 성찬의 전례 부분을 제외하고는 일요일 미사 전례 순서에 맞추어 진행하고 있으며, 말씀의 전례에서 독서와 복음 내용을 전례력[345]에 맞추고 있다.[346] 미사를 드린 후에는 신자들끼리 모여 친교를 나누는데 대축일에는 노래를 부르고 춤을 추며 축제를 벌인다고 한다.[347]

---

344 공소 예절이란 공소에서 미사 대신 거행하는 전례. 공소에는 신부가 상주하지 않기 때문에 주일이나 축일에 그 지역 신자들이 모여 공소 회장을 중심으로 이 예절을 거행한다. 한국가톨릭대사전 편찬위원회, 『한국가톨릭대사전 1』, p. 480.

345 전례력은 가톨릭교회에서 전례를 거행하기 위해 음력이나 양력, 또는 이 두 가지 모두에 근거하여 각 달과 주, 날짜에 예수 그리스도의 삶·죽음·부활과 관련된 축일 일정과 교회가 인정한 성인의 축일 및 기타 기념일들이 적혀 있으며, 매일미사 중에 읽는 독서와 복음이 표시되어 있는 표. 한국가톨릭대사전 편찬위원회, 『한국가톨릭대사전 10』(서울: 한국교회사연구소, 2004), p. 7411.

346 남궁경, "북한의 종교 정책과 장충성당의 건립," 가톨릭대학교 석사 학위 논문(2001), p. 111

347 최재영, 앞의 글.

현재 성당 회장은 김철웅 프란치스코, 부회장은 정학준 시몬, 리산옥 카타리나는 여성 회장 겸 재정 부장, 리어금 데레사가 여성 부회장 겸 홍보 담당을 하고 있다. 김철웅 성당 회장은 2005년도에 협회 중앙위원 자격으로 남북 가톨릭 교류에 참석해 오다 2006년 9월부터 장충성당 부회장 자격으로 참석하였다.[348] '평화삼천'이라는 단체가 2014년 8월 "윤지충 바오로와 동료 123위 시복 기념 미사"를 평양 장충성당에서 남북 합동 미사로 봉헌하기 위해 논의하러 갔을 때는 정학준이 부회장 자격으로 참석하였다.[349] 김철웅은 2015년 4월에 '평화삼천'과 협회가 중국 북경에서 '남북 종교 교류 및 사회 문화 교류 사업을 논의'하는 자리에 공소 회장 자격으로 참석하였다. 2015년에 가톨릭정의구현전국사제단(이하 사제단)이 평양 장충성당을 방문하여 미사를 봉헌할 때는 김철웅 회장과 정학준 부회장이 장충성당 대표로 사제단을 환영하였다.[350]

[348] 김철웅은 평화삼천(대북지원 단체) 단체가 2005년 1월과 2005년 4월 두 차례 방북했을 때 조선가톨릭협회 중앙위원으로 참석하였다. 김철웅은 위의 동 단체가 2006년 9월부터 평양을 방문했을 때는 장충성당 부회장 자격으로 참석하였다. 김철웅은 동 단체가 2007년 7월과 8월 '평양시 체육단 축구장 개·보수 관련 기술 문제 및 인조 잔디 교체에 관한 협의'를 위해 북한을 방문했을 때도 장충성당 부회장 자격으로 참석하였다. 이 시기에 회장은 김영일이 담당하고 있었다. 출처: 평화삼천 대북지원 자료.
[349] 이 시기에 김영일에 이어 김철웅이 회장으로 임명된 듯하다.
[350] 이때 본 연구자가 사제단과 함께 방북하였을 때 이들을 만났고, 현재 북한 가톨릭교회 임원들과도 만남을 가졌다.

라. 장충성당에서의 미사 봉헌

장충성당이 세워지고 나서 남한 가톨릭교회 사제들이나 해외 사제들이 장충성당을 방문하여 미사를 봉헌하고 있다. 외부에서 사제가 방문했을 때는 평소보다 많은 신자가 참석하고 있다. 고해성사를 볼 수 있고 성찬례에 참여할 수 있기 때문이다.[351]

(1) 장충성당 첫 미사 봉헌

1988년 10월 31일 서울대교구 사목연구실장 장익 신부와 로마에 유학 중이던 정의철 신부가 교황 특사로 파견되어 장충성당에서 최초로 미사를 봉헌하였다. 장익 신부는 신자들이 성가를 부르는데 성가책을 보지 않고 처음부터 끝까지 외워 불렀고, 모두가 고해성사를 보았는데 모두 하나 같이 똑같은 말을 되풀이 하였다고 한다. 장익 신부는 고해성사를 들어야 할 의미가 있나 사죄경을 해줘야 하나 갈등하였다고 한다. 하지만 그는 하느님께서 알아서 하실 일이라 생각해서 고해성사를 주었다. 젊은 40대 신자들은 웃으면서 고해성사를 보았지만 나이가 많은 이들은 감정이 들어있고 울렁이는 마음으로 고해성사를 보았다고 한다. 그래서 장익 신부는 그중에 진짜 신자들이 있을 것이라 생각해 고해성사를 주

---

351 외부에서 사제가 왔을 때 신자들이 많이 참석하는 이유는 북한에도 종교 자유가 있다는 것을 가시적으로 선전하기 위한 것이라는 견해도 있다.

었다고 한다.[352]

장익 신부 일행은 미사 후에 교황이 북한 신자들에게 선물한 성작, 성합, 제의와 본인들이 준비한 전례서, 성가집을 성당 회장 박경수에게 전달했다. 장익 신부는 서울로 돌아와 김수환 추기경에게 장충성당에서 미사를 봉헌할 때 많은 신자들이 한국 전쟁 이전에 사용했던 라틴어 미사 전례 용어를 알고 있고 라틴어 성가를 부를 줄 안다고 보고 했다.[353] 가톨릭교회는 제2차 바티칸 공의회 이전에는 라틴어로 미사 전례를 진행했다. 북한 가톨릭 신자들이 라틴어 미사 전례 용어를 사용하고 있고 라틴어 성가를 외우고 있다는 것은 그들이 한국 전쟁 이전부터 신앙생활을 했다는 결정적 증거인 셈이다.

장익 신부는 장충성당을 방문한 자리에서 북한 가톨릭교회 관계자들과 김수환 추기경의 방북에 대해 논의하였다. 장익 신부는 두 가지 사항을 요구하였다. 첫째, '제3국을 통하지 않고 판문점을 통해 직접 북한에 들어가는 것', 둘째 '방문 목적은 다른 게 아니라 우리 신자들을 위한 사목 방문'이어야 한다는 것 등이었다. 하지만 북측에서는 이 조건을 거부하였다. 그 이유는 '판문점을 통해

---

352 장익 주교 인터뷰 내용.
353 동아일보 1988년 11월 19일자. 이충렬, 『아, 김수환 추기경 2 – 인간을 향하여』(파주: 김영사, 2016), p. 230 재인용.

들어오려면 미국에 머리를 숙이고 와야 하고, 신자가 몇이나 된다고 사목 방문 목적으로 오는가.'라는 이유에서였다. 북측은 통일 문제를 의논하러 오라는 것이었다.[354] 결국 서로 조건이 맞지 않아 추기경 방북은 이뤄지지 않았다.

한국 가톨릭교회에서는 북한 가톨릭 단체와 종교적 교류만 하자고 주장하였다. 이는 북한의 정치적인 목적에 이용당하지 않으려는 의도에서였다. 결국 남한 가톨릭교회의 노력은 실패로 돌아가고 북한 당국과의 채널은 막히게 된다. 장익 신부가 첫 미사를 봉헌한 이후 1998년 5월 최창무 주교의 방문 전까지 문규현 신부를 제외하고는 공식적으로 남한 가톨릭교회의 사제가 장충성당을 방문하여 미사를 봉헌할 기회는 없었다. 이 시기에는 주로 고마태오 신부와 박창득 신부 등 미주 교포 사제들이 장충성당을 방문하여 미사를 봉헌하였다.

(2) 재미 교포 사제들의 미사

남한 가톨릭교회는 민간인 방북을 억제하는 정치적인 영향과 남한 가톨릭교회의 북한 장충성당 신자에 대한 진정성에 대한 불신감으로 오랫동안 장충성당에서 미사를 봉헌하지 못하였다. 이렇게 남한 가톨릭교회에서 접근하기가 힘든 상황이었지만, 다행

---

354 김남수, "북한 선교 전문요원 양성해야," 『화해와 나눔』, 1992, 제2호』, p. 29.

히 재미 교포 사제들은 클린턴 행정부가 등장하면서 북한 여행을 허가함에 따라 재미 교포 신자들과 함께 장충성당을 방문하여 미사 봉헌 등 성사 집행이 가능하게 되었다.

1989년 2월 19일 박창득 신부, 남해근 신부, 조영희 신부 등이 북미주 가톨릭 신자들과 함께 장충성당을 방문하여 분단 이후 최초의 남북 가톨릭 신자 합동 미사를 봉헌하였다.[355] 이날 미사에는 협회의 서기장이며 장충성당 신도 회장인 박경수를 비롯하여 1백여 명의 북한 신자들과 미주 한인 가톨릭 신도회 회장인 조성세를 비롯한 12명의 신자들이 참석했다.[356] 미사가 시작되기 전에 다섯 명의 신자들이 고해성사를 보았다.[357]

이 날 미사는 박창득 신부가 주례하고 나머지 두 신부는 공동으로 미사를 집전하였다. 남해근 신부는 "미사 중에 평화의 인사와 성체를 영할 때는 신부들뿐만 아니라 북한 신자들도 눈물을 흘렸고 대부분의 신자들이 입으로 성체를 받아 모셨고 소수가 손으로

---

355 당시 박창득 신부는 미국 뉴저지주 오렌지 성당 한인 가톨릭교회 주임 신부로서 미주 교포 사목을 담당하고 있었으며, 북한선교위원회 해외 임원으로 활동하고 있었다. 그는 1996년 평양에 국수 공장을 세우고 2002년까지 매월 이 공장에 밀가루를 지원하였다. 그리고 2007년에는 평양에 라면식당을 개설하였다. 남해근 신부는 뉴욕 브롱스 복자한인가톨릭교회 주임 신부, 조영희 신부는 LA 힐리웃 성삼성당 주임 신부.

356 남궁경, "북한의 종교 정책과 장충성당 건립," p. 114.

357 남해근, "북미 가톨릭 관광단 평양 장충성당 방문기," p. 227.

성체를 영했는데 어색했다."고 한다.[358] 미사 후에 남해근 신부는 신자들과 대화를 나누면서 그들이 대부분 유아세례를 받았으며 부모들과 함께 아침·저녁 기도를 하면서 신앙을 지켜왔다는 것을 확인하였다.[359]

박창득 신부는 1996년 4월에 다시 장충성당을 방문하고 주님 부활 대축일 미사를 봉헌하였다. 이날 미사는 '민족의 화해와 일치를 위한 평화 통일 기원 미사'로 남북한 가톨릭교회가 동시에 봉헌하는 미사였다. 남한에서는 최창무 주교가 명동성당에서 같은 시간에 같은 지향을 가지고 미사를 집전하였다. 박창득 신부는 다시 1998년 4월 12일 주님 부활 대축일에 장충성당을 방문하여 미사를 봉헌하였는데 이 미사는 서울, 평양, 미국 뉴저지주 오렌지 카운티성당 등에서 동시에 '남북의 화해와 이산가족 재회를 기원하는 미사'로 사전 협의된 것이었다. 이에 따라 이날 오전 11시 남한에서는 최창무 주교가 명동성당에서 '민족의 화해와 일치를 위한 특별 미사를 봉헌하였고, 평양 장충성당에서는 박창득 신부가 미사를 집전하고, 미국에서는 미주 한인 사제단이 공동으로 미사를 집전하였다. 이 미사는 세 지역에서 같은 시간에 봉헌되는

---

[358] 남해근, 위의 글, p. 78. 가톨릭에서는 성체(예수의 몸)에 대한 경외심으로 성체를 영할 때 손보다는 입으로 직접 받아먹기도 한다. 특히 이러한 관습은 제2차바티칸 공의회 이전에는 더욱 엄격하였다.

[359] 남해근, 위의 글, p. 79 참조.

뜻깊은 행사였다. 이렇게 세 곳에서 봉헌된 미사에 참석한 모든 이들은 한반도의 화해와 평화 그리고 통일을 바라는 뜻에서 성 프란치스코의 "평화를 구하는 기도"를 바쳤다.[360]

고 마태오 신부는 1991년 3월 26일부터 4월 초까지 두 번째로 북한을 방문하고 장충성당에서 3월 30일 부활 전야 미사와 다음 날 부활 대축일 미사 그리고 4월 7일 세 차례 미사를 집전하였다. 그는 3월 28일 목요일 차성근 율리오 부회장, 동희만 다니엘 부회장, 성가대 지휘자 김 엘리사벳 등 세 명의 신자를 만나 부활 전야 미사와 주님 부활 대축일 미사를 봉헌하기로 합의하고 전례상의 준비와 교리를 설명해 주었다. 그들은 40여년 만에 망부활과 주님 부활 대축일을 지내게 된다며 감격스러운 표정 속에 눈시울을 적시기도 하였다.[361] 부활 전야 미사는 11시에 진행되었고 미사 중간에 유아세례를 받았던 세 명의 신자를 대상으로 세례식이 거행되었다.[362] 이 세례식은 한국 전쟁으로 북한 가톨릭교회가 소멸된 후 최초로 북한에서 한국인 사제에 의해 이루어진 세례성사였다.

고 마태오 신부는 다음날 오전 10시 장충성당에서 부활 대축일

---

360 『한겨레신문』, 1998년 4월 13일, 27면.

361 고종옥, 『평양의 장충성당에서』(서울: 빛들, 1991), p. 23. 망부활은 부활 대축일 전야 미사를 의미한다.

362 위의 책, pp. 30-31.

미사를 봉헌하였는데 그 미사에는 북한 신자들뿐 아니라 다수의 외국인들이 참석하였다. 가족 방문차 와 있던 3명의 교포와 평양 주재 폴란드 대사관에서 근무하는 5명의 신자 가족 그리고 2명의 외국인이 함께 참여했다. 그중에 한명은 유엔 본부 평화위원회라는 기관에서 일하는 고급 관리였다.[363]

4월 7일 미사에도 다수의 외국인 신자들이 참석하였다. 고향 방문차 평양에 와 있던 9명의 미주 교포와[364] 매주 미사에 참석하는 폴란드 외교관 신자 가족들이 참석하였다. 79회 김일성 생일에 초대되어 북한을 방문한 코스타리카 전 대통령 카를로스 로드리크도 이 미사에 참석하였다.[365] 북한을 방문하는 외국인 신자들이나 북한에 거주하는 외국인 신자들이 일요일에 미사나 공소 예절에 참석하기 위해서 장충성당에 나오고 있다.

(3) 문규현 신부의 두 차례 미사 봉헌

문규현 신부는 1989년 6월과 7월에 두 차례에 걸쳐 북한을 방문하고 장충성당에서 미사를 봉헌하였다. 첫 번째 방북은 그가 오

---

363 위의 책, p. 48.

364 LA에서 포교하는 신법타 스님과 김도안 스님, 그리고 어느 한 분의 목사와 그 외 윤공 선생과 싸크라멘트의 공소 회장 부부 등. 위의 책, p. 50.

365 위의 책, p. 51.

래 전부터 사제단이 6월 6일 임진각에서 통일 기원 미사를 드릴 때 남한과 북한이 동시에 미사를 드릴 것을 제안하였는데 이를 실행하기 위해 비밀리에 이루어진 것이다. 당시 그는 미국 뉴욕 메리놀 신학대학원에서 신학을 공부하고 있었고 미국 영주권을 가지고 있었다. 그는 메리놀 외방전교회 죠셉 베네로소 신부와 함께 북한을 방문하게 되었다. 그들은 중국을 경유해 6월 5일 평양에 도착하였다. 그들은 환영회에서 조국평화 통일위원회 서기장 대리 박용수와 북한 가톨릭 공동체 부회장인 문창학 베드로와 진용부 바오로를 만났다. 그들을 저녁 식사에 초대한 공산당 간부는 문규현 신부에게 식사 전 기도를 부탁하기도 하였다.[366] 공산당 당원이 신부에게 식사 전 기도를 부탁한다는 것은 가톨릭 신부에게 최대의 예우를 갖춘 행동이라 할 수 있다.

  문규현 신부는 원래 판문점에서 미사를 봉헌할 계획이었다. 하지만 안내를 담당한 공산당 간부들은 판문점에서 미사를 드리는 것은 남쪽에서 도발 행위로 간주할 수 있기 때문에 반대하였다. 대신에 그들은 사람들이 더 많이 모일 수 있는 장충성당에서 미사를 드릴 것을 제안하였다.[367] 결국 그들은 사제단이 남쪽 임진각에서 미사를 봉헌하는 2시에 장충성당에서 미사를 봉헌하게 되었

---

366 문규현, 『분단의 장벽을 넘어서』(서울: 누리, 1990), p. 187.

367 위의 책, p. 188.

다. 이 미사는 남북한 가톨릭 신자들이 동시에 통일을 기원하면서 드리는 최초의 미사가 되었다는데 의미가 있다.

문규현 신부는 1989년 7월에 평양에서 열린 세계청년학생축전에 참석한 가톨릭 신자인 임수경 수산나를 데려오기 위해 북한을 재차 방문하였다. 당시 남한 정부는 남한 대학생들이 평양에서 열리는 세계청년학생축전에 참가하는 것을 금지하였다. 하지만 임수경은 실정법을 어기고 남한 대학생들을 대신한 전대협 대표로 평양에서 열린 세계청년학생축전에 참가하고 통일을 위한 행진의 일부로 판문점을 통해 돌아올 계획이었다. 사제단은 임수경이 판문점을 넘을 때 현장에서 구속될 위험을 감안해 함께 귀환하도록 문규현 신부를 북한에 보냈다. 북한을 방문한 문 신부는 임수경과 함께 8월 13일 일요일에 장충성당에서 미사를 봉헌하였다.[368] 북한 방송은 이들의 일거수일투족을 방영하였다. 이는 북한의 많은 사람이 그들의 통일을 향한 염원을 보면서 가톨릭교회와 사제에 대해 긍정적으로 평가하는 계기가 되었다.[369] 문규현

---

368 문규현 신부는 지난 6월 장충성당에서 미사를 집전한 경험이 있어서 신자들과 아주 친숙하였다. 임수경, 『어머니, 하나된 조국에 살고 싶어요』(서울: 돌베개, 1990), pp. 151-152.

369 조광동은 장충성당 신자를 통해서 문규현 신부는 장충성당의 명예 신부, 임수경은 명예 신자로 등록되었다는 것을 확인하였다. (조광동, "주춧돌은 세웠지만," p. 89.); 이 내용은 북한에서 직접 제작한 '평양 장충성당의 성탄절'이란 비디오 자료에서 장재철 위원장이 연설을 통해 문규현 신부를 장충성당의 명예 신부로, 임수경은 명예 신자로

신부의 방북은 북한 주민들이 지니고 있던 사제에 대한 부정적 인식에 변화를 주었다.

하지만 남한 가톨릭 주교단은 7월 27일 그들의 방북에 대해 유감을 표명하는 담화문을 발표하였다. 주교단은 사제단의 결행이 "통일을 촉진하고 싶은 마음은 충분히 이해하나 우리 사회의 상황에서 수용하지 못할 행동으로, 많은 국민에게 우려와 불안을 준 마땅한 행위가 아니었다."고 발표하였다.[370] 하지만 당시 주교회의 의장 김남수 주교는 담화문 발표 이후 "비록 사제들의 행동이 지혜롭지 못했던 것은 사실이지만, 사제로서 '어린 양'을 보호해야 한다는 뜻에서 그 같은 일을 했다는 정의구현사제단의 입장은 순수하게 받아들인다."며 감싸기도 하였다.[371]

문규현 신부 방북 후 김수환 추기경은 중앙일보와 대담에서 통일에 대한 의견을 묻는 질문에서 "어느 사회에서든 발전의 전 단계에서는 갈등이 있습니다. 민주 사회·다원화 사회에서 의견 차이는 당연하지요. 여러 의견이 수렴되어 합의된 목소리를 낼 때 거기엔 강한 힘이 붙습니다. 갈등이 오히려 좋을 수도 있지요. 우

선포하는 장면을 통해서 확인되었다.

[370] 『한국가톨릭통일사목 자료집 1』, p. 66.

[371] 이충렬, 『아, 김수환 추기경 2 - 인간을 향하여』(파주: 김영사, 2016), p. 246.

리를 대화·협력·일치로 이끄는 힘이 될 수도 있습니다."[372]고 밝히면서 다양함이 공동체 결속을 더욱 강하게 해 줄 수 있다고 사제단의 행동을 간접적으로 옹호했다. 김 추기경은 문규현 신부의 방북에 대한 직접적인 질문에 대해 "위법한 사항은 법으로 다루더라도 이분들의 선의, 순수한 뜻은 7·7선언에 따라 존중해야 하고 이걸 인정할 줄 알아야 한다."고 대답하였다.[373]

(4) 주교들의 방북과 미사

1998년 5월 15일 서울대교구 민화위 위원장 최창무 주교 외 6명이 당시 조선천주교인협회 중앙위원회의 초청으로 북한을 방문하였다. 남북이 분단된 후 한국인 주교가 북한 교회를 방문한 최초의 "사목적" 방문이었다.[374] 최창무 주교와 이기헌 신부, 오태순 신부는 함께 방북한 한국 천주교 평신도사도직협의회장 류덕희 모이세 등 신자들과 5월 17일과 21일 두 차례에 걸쳐 장충성당에서 '민족의 화해와 일치를 기원하는 미사'를 봉헌하였다. 한국

---

372 "중앙일보 창간 24돌 김수환 추기경에 듣는다. '여건 허락되면 북한 가보고 싶다.'" 『중앙일보』 1989년 9월 2일.

373 『중앙일보』, 위의 기사.

374 당시 최창무 주교는 평양 도착 성명을 통해 자신의 방문이 사목적임을 밝혔다. 그의 증언에 따르면, 그것이 사목적 방문인 이유는 평양교구 서리인 김수환 추기경을 대리한 방문이었기 때문이다. 최창무 대주교 인터뷰 내용.

인 주교가 분단 이후 최초로 북한 지역에서 공식적으로 미사를 봉헌한 것이다. 17일 같은 시간에 남쪽에서는 김수환 추기경이 명동성당에서 동시에 '민족의 화해와 일치를 기원하는 미사'를 봉헌했다. 이후 장충성당을 방문하는 외부 사제들이 계속 미사를 봉헌하였다.[375]

  북한 가톨릭교회는 2015년 12월 1일 한국가톨릭 주교회의 민족화해 주교특별회원회 주교 5명과 사제들 그리고 주교회의 실무진을 포함하여 17명이 장충성당을 방문한 계기로 많은 변화를 보이고 있다.[376] 방문단은 장충성당에서 70명의 북한 신자들과 미사를 봉헌하였는데, 장충성당에서 이미 세례를 받은 신자들의 신앙생활의 어려움들을 풀어주고 신앙생활의 정상화를 위한 사목적

---

[375] 최창무 주교가 북한을 다녀 온 후 어느 신자가 최창무 주교에게 "그들이 진짜 신자인가요?"라고 물었을 때, 최 주교는 담담히 "당신은 진짜 신자입니까?"라고 되물었던 질문이 회자되고 있다.

[376] 한국천주교주교회의 민족화해 주교특별위원회(위원장 김운회 주교)는 조선카톨릭교협회(중앙위원회 위원장 강지영)의 공식적인 초청을 받아 지난 12월 1일부터 4일까지 평양을 방문하였다. 한국천주교주교회의 의장 김희중 대주교가 방북 단장을 맡고 부단장 김운회 주교와 조환길 대주교, 이기헌 주교, 박현동 아빠스와 함께 실무단장을 맡은 김준철 신부(주교회의 사무처장 겸 한국천주교중앙협의회 사무총장)와 주교회의 사무처 신부들, 주교들을 수행하는 교구 신부들과 주교회의 실무진을 포함하여 총 17명이 함께하였다. "한국천주교주교회의 민족화해 주교특별위원회 평양 방문 보도자료": CBCK 홈페이지, http://www.cbck.or.kr/bbs/bbs_read.asp?board_id=K1300&bid=13011745 , 검색일, (2017년 10월 30일).

조치를 취하였다.[377] 이 방문은 그동안 북한 가톨릭 신자들이 세례는 받았지만, 그 세례가 유효한 것인지에 대해 남한 가톨릭교회의 의심을 받고 있었는데 이를 해소하는 계기가 되었다.

또한 남북한 가톨릭교회 대표단 협의를 통해 매년 주요 대축일에 서울대교구에서 평양 장충성당에 사제를 파견하여 정기적으로 미사 봉헌이 이루어질 수 있도록 협력하기로 하였다. 대축일에 사제를 파견하는 것을 정례화하는 일은 남한 가톨릭 사제가 상주할 수 있는 조치의 과도기 단계라고 할 수 있다. 오래전부터 남한 가톨릭교회는 장충성당에 사제가 상주할 수 있도록 노력을 기울였지만 아직 실현되지 않고 있다. 정기적 사제 파견은 북한 가톨릭교회의 성장을 위해 가장 시급하고 필요한 협력이다.

장충성당 김철웅 회장은 대표단을 환영하면서 주교회의 의장 김희중 대주교에게 "예비 신자에게 교리를 가르칠 학습 공간이 필요하다."고 제안하였다.[378] 이는 북한 신자들이 계속적으로 예비 신자들을 모집하고 있고 교리를 가르칠 계획이므로 사제들이 정기적으로 북한을 방문하게 되면 이들에게 세례를 줄 수 있을 것이란 점에서 그리고 이를 통해 북한 신자들이 신앙생활을 하는데

---

377 "한국천주교주교회의 민족화해 주교특별위원회 평양 방문 보도 자료."; 김희중 대주교 인터뷰 내용.

378 『가톨릭신문』, 2015년 12월 13일.

도움이 될 것이란 점에서 요청된 것이다. 이는 남한 가톨릭교회가 북한 가톨릭교회의 성장을 위해 사제 파견이라든가 평양 장충성당 운영에 대한 지원 등에 대해 북한 가톨릭교회와 적극적으로 협력할 필요가 있음을 보여준 것이다.

이때 함께 방북하여 미사를 집전했던 신부들은 북한 신자들이 열심히 신앙생활을 하고 있다고 증언하였다. 류한영 신부는 "장충성당에서 함께 미사를 봉헌한 북한 신자들이 기도문을 정확히 외우는 것은 물론 진실된 마음으로 신앙생활하고 있음을 분명히 느꼈다."며 북한에 가톨릭 신앙이 살아 있음을 내비쳤다. 그리고 송용민 신부도 "장충성당에 신자들의 세례대장이 비치돼 있는 것을 확인했고 제의실에는 프란치스코 교황님의 대형 사진이 걸려 있었다."는 말로 북한 신자들의 신앙생활의 단면을 제시했다.[379]

앞에서 언급하였듯이 협회는 처음 중국 애국회와 같은 형식으로 바티칸으로부터 독립하여 독자적인 교회를 세우려는 생각도 한 것이 사실이다. 그러나 이러한 노력이 가톨릭의 특성과 배치된다는 것을 확인하고는 이 생각을 접고 오히려 바티칸과의 관계 개선과 남한 가톨릭교회와의 교류를 통한 발전을 모색해 왔다. 평양 장충성당 제의실에 프란치스코 교황의 사진을 걸어 놓고 있다는

---

[379] "가톨릭신문 주교단 방북, 평화와 화합의 4일," 『가톨릭신문』, 2015년 12월 13일, 11면. 한국 가톨릭교회는 가톨릭 차원에서 교황의 사진을 전달한 바 있다.

것은 교황의 권위를 인정하고 있다는 것을 의미하므로 이제는 이 부분에 대해서도 의혹을 제기하지 않고 있다. 이는 북한 가톨릭교회가 1988년 이후 재출현하여 자기 나름의 길을 모색하고 있지만, 바티칸이나 한국 가톨릭교회와의 관계 정립을 통해 가톨릭 교리에 대한 이해와 의식의 변화를 바탕으로 꾸준히 성장 발전하고 있음을 보여준 것이다.

결론

1801년 평신도들에 의해 북한 지역에 최초로 전래된 북한 가톨릭교회는 일제 강점기 동안 지속적으로 성장하여 1920년대 들어 세 개 교구가 설립되었다. 일제 강점기 동안 한국 가톨릭교회는 친일 성향을 보였고 반공주의를 강화하였다. 북한 교회도 예외는 아니었다. 적지 않은 한국인 신학생들과 신자들의 적극적인 독립운동 참여에도 불구하고 대다수 선교사들은 일제의 통치 체제를 수용하며 일제에 적극 협력하는 태도를 보였다. 선교사들은 민족주의에 기반을 둔 독립운동보다 교회 존립과 전교 활동을 더 중시하였던 것이다.

일제 강점기 동안 한국 가톨릭교회는 공산주의와 조우하며 반공주의를 내면화하였다. 한국 가톨릭교회가 반공주의를 강화하였던 첫 번째 이유는 유물론적 무신론에 대항하여 신앙을 수호하고자 했던 바티칸의 정책 때문이었다. 이러한 교회 방침에 따라 일제 강점기 한국 가톨릭교회 언론은 반공주의를 담은 역대 교황들의 회칙을 번역하여 발표하였다. 두 번째 이유는 1930년에 공산주의자들이 일으킨 5.30 폭동으로 간도 지역 연길교구가 받았던 수난과 그로 인한 적대감 때문이었다. 공산주의자들의 교회 박해를 직접 경험하면서 반공 이데올로기가 내면화된 것이다.

  일제 강점기를 거치며 가톨릭교회에 팽배하게 된 반공 이데올로기는 해방 후 분단 과정을 거치며 더욱 고착되었다. 북한 지역을 점령한 소련군은 주민들을 자극하지 않기 위해 유화적 종교 정책을 펼쳤다. 소련 종교 정책의 영향을 받았던 북한 정권은 반종교 투쟁과 회유책을 함께 사용하는 이중적 종교 정책을 시행하였다. 북한 정권을 지지하는 단체를 만들어 공산당 정책을 지지하고 협조했던 타 종교와 달리 평양교구를 중심으로 북한 교회는 공산 정권에 비협조적이었다. 소극적이고 간접적인 방식으로 저항한 것이다. 그러나 한국 전쟁 발발 1년 전까지 북한 가톨릭교회는 특별한 박해를 받지 않고 대체로 평온한 시기를 보냈다.

  1948년 11월부터 북한 공산 정권에 의한 박해가 시작되었다. 북한 정권은 가톨릭 사제들과 수도자들을 연행, 감금, 처형하였고, 수도원과 성당을 몰수·폐쇄하였다. 가톨릭교회가 북한 정권에 비협조적이고 반공주의를 내세웠다는 점이 주 이유였다. 가톨릭교회를 체제 위협 세력으로 간주하여 유사시 정권에 저항할 수 있는 잠정적 위험 요소로 본 것이다. 이러한 탄압에 대해 가톨릭교회는 공산 정권을 강하게 비판하면서 기존의 소극적이고 간접적인 저항에서 벗어나 적극적이고 직접적인 방법으로 저항하기 시작하였다.

한국 전쟁 발발 이후 죽음의 행진에 이르기까지 북한 정권의 탄압에 의해 수많은 선교사들과 수도자들이 죽음에 이르렀다. 이 당시 북한 정권의 박해는 이념적 갈등이나 대립보다 전시 상황에서 후방의 안정화라는 측면이 강했다. 한국 전쟁기간을 거치며 북한 가톨릭교회는 공산 정권에 의해 엄청난 인적·물적 피해를 입었고, 그로 인해 전쟁 이후 북한에서 활동을 할 수 있는 단 한명의 성직자와 수도자도 남지 않게 되었다.

한국 전쟁 이후 북한 가톨릭 신자들은 종교의 자유를 잃고 비밀리에 신앙생활을 할 수밖에 없었다. 가톨릭 신자들은 전후 국가 재건이라는 어려움과 북한 당국의 철저한 반종교 선전의 어려움 속에서 신앙생활을 해야 했다. 그럼에도 신앙인으로서 모범적 삶을 통해 신앙을 증거하고 전교 활동을 하였으며 자녀들에게 신앙 유산을 물려주었다. 그러던 중 1970년대에 이르러 가정 예배처소에서 신앙생활을 하는 것이 북한 정권에 의해 비공식적으로 허용되었다.

1980년대 들어서면서 당시 주체사상을 확립해 가고 있던 북한 당국은 종교를 재해석하기 시작하였다. 종교의 대외적 필요성을 긍정적으로 평가하기 시작한 것이다. 남한 가톨릭교회와 바티칸도 기존 반공 이데올로기에서 벗어나 북한 당국과 대화하려는 태도를 보였다. 북한 당국과 접촉이 가능해짐에 따라 바티칸은 북한에서 개최된 비동맹각료특별회의에 대표단을 파견하였다. 당시 대표단에 포함된 장익 신부가 북한 교회 신자들을 만난 후 북한 신자들이 교황청 초대로 로마를 방문하기도 하였다. 이러한 교류는 북한 당국이 가톨릭교회를 재인식하는데 긍정적인 역할을 하였다.

1988년에 북한 가톨릭교회가 공식적으로 재출범하게 되었다. 그해 조선천주교인협회가 결성되었고, 평양 장충성당도 건립되었다. 조선카톨릭교협회는 종교 활동뿐 아니라 다양한 정치적 활동도 전개하였다. 북한 당국의 정책 방향을 따르는 대내외적인 가교 역할을 수행하므로 정치적 성격을 배제할 수 없었던 것이다. 초기에는 정치적 성격이 강했지만, 1995년 이후에 진행된 남북 종교 교류를 통해 종교적 색채도 강해지기 시작하였다.

조선카톨릭교협회와 달리 평양 장충성당은 처음부터 종교적 성격이 강했다. 장충성당 신자들은 성당에서 종교 예식을 통해 종교 본연의 모습을 간직할 수 있었고, 북한 당국 역시 종교 내적인 문제는 세밀하게 통제하지 않았다. 일례로 장충성당 신자들은 종교 행사에 참례할 때 북한 당국의 허용 하에 성당 내에서 김일성·김정일 배지를 착용하지 않을 수 있다. 이는 일정 부분 종교의 고

유성이 보장받고 있다는 증거다. 한편 장충성당 신자들은 북한 체제가 성립되기 이전부터 신앙을 간직해온 이들과 북한 정권이 성립된 이후 체제에 협조하며 적응해온 신자들로 구성되어 있다. 그들 모두가 통제 체제 하에서 신앙생활을 하고 있긴 하지만, 매주 일요일 공소 예절에 참례하며 모범적 삶을 통해 복음을 전파하려 노력하고 있다.

북한 가톨릭교회와 교류할 때 조선카톨릭교협회와 장충성당이 갖는 이러한 차이를 제대로 파악하고 접근과 교류를 시도할 필요가 있다. 조선카톨릭교협회와는 보다 외교적 차원에서, 장충성당 신자들과는 종교적 차원에서 접근하는 것이 더 바람직하다. 다만 적절한 조화와 균형을 유지하는 지혜가 발휘되어야 할 것이다.

평양 장충성당은 남한 가톨릭교회와 북한 가톨릭교회가 사목적 교류를 넓힐 수 있는 중요한 거점이다. 장충성당 신자들은 지난 역사 속에서 역경을 이기며 신앙을 지키고 공동체를 유지해 왔다. 그들은 스스로를 그리스도의 한 지체로 여기며 민족의 화해와 일치를 간절히 소망하고 있다. 교황 수위권을 인정하고 있고, 장충성당에서 미사를 거행할 수 있는 사제를 바라고 있다. 남북한 신자들이 속한 정치·사회·경제 체제가 다를 뿐 북한 가톨릭 신자들이 믿는 하느님과 남한 가톨릭 신자들이 믿는 하느님이 다르지 않고 북한의 신자들 역시 가톨릭교회의 교계 제도를 긍정하고 있다는 점에서 양쪽 모두 동일한 가톨릭 신앙을 유지하고 있는 것이다. 이런 점에서 장충성당 신자들의 진정성을 신뢰하지 못하는 남한 가톨릭교회 내부의 편견을 바로 잡을 필요가 있다.

한국 가톨릭교회의 전래 과정은 다른 나라와 구별되는 특수성을 지니고 있다. 북한 가톨릭교회 역시 그렇다. 따라서 남한 가톨릭교회는 북한 가톨릭 신자들이 장충성당에서의 신앙생활을 통해 가톨릭신자로서의 정체성을 유지하면서 자신들만의 고유성을 확립할 수 있도록 협력할 필요가 있다. 남한 가톨릭교회는 이러한 점을 고려하여 북한 가톨릭교회에 대한 이해의 폭도 넓힐 필요가 있다.

이 책에서 나는 북한 가톨릭교회의 역사적 변천을 연구함으로써 북한 가톨릭교회의 성격을 규명하고자 하였다. 그러나 아쉽게도 두 가지는 충분하지 못하였다. 먼저, 개신교, 천도교, 불교와 달리 현재 북한 가톨릭교회의 교세가 약한 이유를 파악하고 비교 평가하는 작업을 다루지 못했다. 둘째, 공산주의 체제에서 활동하는 북한 가톨릭교회와 국내외 교류 방안 역시 다루지 못하였다. 20세기 중반에 공산화되었으나 오늘날까지 가톨릭 교계 제도를 유지하는 아시아 공산 국가로 중국과 베트남이 있고, 1990년대 이후 사회주의에서 민주주의로 체제전환을 이룬 동유럽 공산 국가로 독일과 폴란드 등이 있다. 공산화된 이후에도 바티칸과의 지속적 교류를 통해 가톨릭 교계 제도를 유지할 수 있었다는 점에서 이들 국가들에 대한 사례 연구가 북한 가톨릭교회와의 교류 방안 연구에 도움이 될 것이다.

북한 가톨릭교회의 어제와 오늘

교회인가 2019년 3월 7일 천주교 의정부 교구장 이기헌 주교
인쇄일   2019년 4월 10일 초판 1쇄 발행
         2021년 4월 26일 초판 2쇄 발행

지은이   김연수
펴낸이   강주석

펴낸곳   도서출판 가톨릭동북아평화연구소
주소   경기도 파주시 탄현면 성동로 111
전화   031-941-6235
팩스   031-941-6237
전자우편 publcinap@hanmail.net
등록   제406-2018-000071 (2018년 6월 18일)

ISBN 979-11-964214-3-4(03230)

ⓒ 이 책은 저작권법의 보호를 받는 저작물이므로
  무단 전제와 복사를 금합니다.